••• Títulos relacionados

COML0309 ORGANIZACIÓN Y GESTIÓN DE ALMACENES [DISPONIBLE CERTIFICADO COMPLETO]

Diseño y organización del almacén
UF0926
Amelia de Diego Morillo
ISBN: 9788428397407

Gestión del equipo de trabajo del almacén
UF0927
Amelia de Diego Morillo
ISBN: 9788428397759

Seguridad y prevención de riesgos en el almacén
UF0928
Amelia de Diego Morillo
ISBN: 9788428397858

Gestión de pedidos y stock
UF0929
Amelia de Diego Morillo
ISBN: 9788428397742

Solicítalos en:
- Librería
- www.paraninfo.es
- Solicitudes nacionales 914 463 350
- Solicitudes fuera de España +34 913 308 907, +34 913 308 919

Optimización de la cadena logística MF1005_3

Mercedes de la Arada Juárez

Maquetación: Ediciones Nobel
Impresión: Tórculo Comunicación Gráfica (Santiago de Compostela)
ISBN: 978-84-283-4175-2
Depósito legal: M-32555-2019

Impreso en España

Autora

Mercedes de la Arada Juárez es diplomada en Ciencias Empresariales por la Universidad de Oviedo en dos especialidades: Gestión y Contabilidad y Auditoría de Cuentas. Comenzó su carrera profesional en el sector de la logística y el transporte en el año 1997 como responsable de facturación en una agencia de transportes, y en el año 2001 se incorpora al proyecto empresarial familiar TRANSARADA, SL, dedicándose al diseño y la gestión de la operativa de plataformas de *cross-docking* y redes de transporte capilar, tanto en ámbito nacional como internacional.

Durante ese periodo obtuvo la capacitación profesional para el transporte nacional e internacional de mercancías por carretera y el título de experto universitario en Logística Integral por la Escuela Universitaria Jovellanos de Gijón. Además, ejerció el cargo de vocal en la Junta Directiva y fue Tesorera de la Asociación de Jóvenes Empresarios del Principado de Asturias en el periodo 2006-2014.

Actualmente, desarrolla su carrera profesional como docente de la Formación Profesional para el Empleo en el ámbito de la logística empresarial y el transporte de mercancías.

Índice

Introducción normativa

La Ley Orgánica 5/2002, de 19 de junio, de las Cualificaciones y de la Formación Profesional fue el primer texto legislativo que reguló de forma exclusiva las enseñanzas profesionales en España. Una de sus novedades consistió en relacionar directamente la formación con el empleo, permitiendo las convalidaciones y equivalencias entre la Formación Profesional del sistema educativo, la Formación Profesional para el empleo, y experiencia laboral. Para poder desarrollar estas medidas se creó el Sistema Nacional de Cualificaciones Profesionales y dos instrumentos básicos: el Catálogo Nacional de Cualificaciones Profesionales y el Catálogo Modular de Formación Profesional.

Las Cualificaciones Profesionales responden a la iniciativa que impulsa el Marco Europeo de las Cualificaciones (EQF), para facilitar un espacio abierto de aprendizaje y de empleo, así como la adecuación entre oferta y demanda no solo a nivel estatal, sino entre los distintos países.

El Catálogo Nacional de Cualificaciones Profesionales ordena las cualificaciones profesionales, incluyendo el contenido de la formación profesional asociada a cada cualificación, de acuerdo con una estructura de módulos formativos articulados en un Catálogo Modular de Formación Profesional. Entre sus principales objetivos tiene el posibilitar la integración de las ofertas de formación profesional, adecuándolas a las características y demandas del sistema productivo.

Para conseguirlo, este Catálogo, además de identificar y definir las cualificaciones profesionales que requiere el sistema productivo, establece los contenidos formativos básicos que resultan necesarios para que las ofertas formativas garanticen la adquisición de las competencias profesionales apropiadas para el desempeño profesional.

Las Cualificaciones Profesionales se acreditan mediante "Títulos" de Formación Profesional del sistema educativo, y Certificados de Profesionalidad de Formación para el Empleo. Ambas acreditaciones tienen carácter oficial y son válidas en todo el Estado.

Los contenidos asociados a las cualificaciones profesionales constituyen el Catálogo Modular de Formación Profesional, que se estructura en módulos formativos.

Mediante la superación de los módulos formativos, diseñados en itinerarios específicos para cada Cualificación Profesional, se puede obtener el Certificado de Profesionalidad correspondiente. Además, se posibilita la convalidación de determinados módulos profesionales incluidos en los títulos de Formación Profesional del sistema educativo, asociados a Unidades de Competencia comunes.

El Certificado de Profesionalidad es, por tanto, el instrumento de acreditación, en el ámbito de la Administración laboral, de las cualificaciones profesionales incluidas en el Catálogo Nacional de Cualificaciones Profesionales, adquiridas a través de procesos formativos o mediante procedimientos de reconocimiento de competencias profesionales adquiridas por experiencia laboral o vías no formales de formación, regulados por el Real Decreto 1224/2009, de 17 de julio.

ESTRUCTURA DE UNA CUALIFICACIÓN

DATOS DE IDENTIFICACIÓN
Denominación
Nivel
Competencia general
Entorno profesional

UNIDADES DE COMPETENCIA		FORMACIÓN ASOCIADA
Unidad de competencia 1	⟷	Módulo formativo 1
Unidad de competencia 2	⟷	Módulo formativo 2
Unidad de competencia N	⟷	Módulo formativo N

Las cualificaciones profesionales se estructuran en unidades de competencia, que se definen como agrupaciones de tareas productivas específicas que debe realizar el profesional. Las diferentes unidades de competencia de un certificado de profesionalidad conforman la Competencia General, definiendo el conjunto de conocimientos y capacidades que permiten el ejercicio de una actividad profesional determinada.

Cada unidad de competencia lleva asociado un módulo formativo, donde se describe la formación necesaria para adquirir esa unidad de competencia, pudiendo dividirse en unidades formativas.

El módulo formativo es el bloque coherente de formación asociado a cada una de las unidades de competencia que configuran la cualificación. Cada módulo formativo tiene un formato normalizado que incluye los datos de identificación y las especificaciones de la formación que se incluyen en las ofertas formativas conducentes a la obtención de los certificados de profesionalidad.

DATOS DE IDENTIFICACIÓN:

— Denominación.
— Nivel de cualificación al que se vincula.
— Unidad de competencia a la que está asociado.
— Código alfanumérico y duración en horas.

ESPECIFICACIONES DE LA FORMACIÓN:

— Capacidades: expresión de los resultados esperados de las personas en situación de aprendizaje al finalizar el Módulo Formativo.

— Criterios de evaluación: conjunto de precisiones para cada capacidad que indican el grado de concreción aceptable de la misma. Delimitan el alcance y nivel de la capacidad y el contexto en el que va a ser evaluada.

— Contenidos formativos necesarios para adquirir las competencias a las que se asocia. Requisitos básicos del contexto formativo: espacios e instalaciones y perfil profesional del formador. Estos requisitos tienen carácter orientador para la normativa básica reguladora de las ofertas formativas.

El presente libro desarrolla el Módulo Formativo denominado "Optimización de la cadena logística", MF1005_3.

Dicho módulo formativo es transversal y está asociado a la Unidad de Competencia UC1005_3, perteneciente a las Cualificaciones Profesionales de referencia COM318_3, COM317_3 y COM315_3 de nivel 3, incluidas en los Certificados de Profesionalidad denominados COML0309 Organización y gestión de almacenes, COML0209 Organización del transporte y la distribución y COML0210 Gestión y control del aprovisionamiento dentro de la familia profesional Comercio y Marketing, así como a la cualificación profesional de referencia TCP648_3, de nivel 3, incluida en el Certificado de Profesionalidad denominado TCPF0412 Asistencia técnica en la logística de los procesos de externalización de la producción textil, piel y confección, de la familia profesional Textil, Confección y Piel.

Según los Reales Decretos 642/2011 de 9 de mayo 1522/2011, de 31 de octubre y 991/2013, de 13 de diciembre, los contenidos que en esta obra se recogen se corresponden con una duración de 90 horas.

Tanto la estructura como el desarrollo del libro se ajustan al citado Real Decreto y más concretamente a los contenidos del Módulo Formativo que le da título "Optimización de la cadena logística".

Contenidos

1. **Fases y operaciones en la cadena logística**

- La cadena de suministro: fases y actividades asociadas.
  - Actores: proveedores, empresa, clientes, empresas de transporte, almacenes en tránsito, centrales de compra y distribución.
  - Relaciones y sinergias.
  - Elementos organizativos, materiales, tecnológicos e informáticos.
- Flujos en la cadena de suministro: flujo físico de materiales y flujo de información. Características de los mismos. Cómo se articulan. Ejemplo concreto de un proceso de aprovisionamiento desde que se lanza la orden de pedido hasta su recepción en almacén.
- El flujo de información: en tiempo real, fiable, seguro, fácil de interpretar y manejar.
- Flujo de materiales: seguro, eficaz y con calidad. Diagrama de flujos interconexionados.
- Cadena logística: objetivos. Cómo lograrlos. Integración de actores y sinergias a conseguir.
  - Ventajas de la integración logística frente a tratamientos aislados.
  - El lead-time y su control.
  - La cadena de valor añadido.
  - El servicio al cliente.
- Logística y calidad:
  - Factores y puntos críticos en el proceso logístico desde el punto de vista de la calidad.
  - Medición de la no-calidad logística.
  - Calidad preventiva.
  - Medición del costo de la no calidad.
- Gestión de la cadena logística:
  - Aprovisionamiento y compras.
  - Producción, almacenaje y distribución.
  - Las mejores prácticas.
  - Conexión y sinergias a establecer con clientes y proveedores.
- El flujo de información:

- Elementos que contiene.
- Trazabilidad.
- Tecnología e informática de apoyo. Información al cliente.

2. **Logística inversa**

- Devoluciones y logística inversa:
  - Medio ambiente y logística inversa.
  - Alternativas posibles en la recuperación de productos.
  - Modificación de los patrones logísticos tradicionales.
- Posibles límites a la logística inversa:
  - Diseño para el reciclaje.
  - Logística inversa del envase y el embalaje.
  - Pools de paletas y KLT.
  - Las 3 R: reutilización, reciclaje, reducción.
- Causas de la aparición de la logística inversa:
  - El ciclo de vida de los productos, la obsolescencia y la logística inversa.
  - La logística inversa como fuente de negocio.
  - Puntos críticos en la logística inversa.
  - Ventajas de incorporar los procesos de logística inversa en la logística directa.
- Política de devolución de productos:
  - El consumo: estacionalidad, variación de la demanda, caducidad del producto, gestión de stock y su correlación con la logística inversa.
  - Acuerdos con los clientes y proveedores para devoluciones y retornos.
- Logística inversa y legislación:
  - Envases y residuos.
  - Pilas y baterías.
  - Vehículos fuera de uso (VFU).
  - Residuos de aparatos electrónicos y eléctricos.
  - Aceites y vertidos industriales líquidos.

3. **Optimización y costos logísticos**
   - Características del costo logístico: variabilidad
     - — Componentes del costo logístico; stock, almacenaje, picking, envase y embalaje, transporte.
     - — Costos directos e indirectos.
     - — Cadena de suministro y costos logísticos asociados.
     - — El «despilfarro».
   - Sistema tradicional y sistema ABC de costos:
     - — El costo logístico de oportunidad.
     - — Costos totales y costos unitarios.
     - — Costos medios y costos individualizados a nivel de producto y de cliente.
     - — Utilidad y forma de cálculo.
     - — Estrategias operativas que se deducen de los costos individuales.
   - Medición del costo logístico y su impacto en la cuenta de resultados. Costos totales, costos unitarios y costos porcentuales.
   - Estrategia y costos logísticos:
     - — Principios básicos al diseñar una estrategia de costos.
     - — Urgencias e imprevistos: cómo detectarlos, analizarlos y minimizar su impacto.
     - — Puntos críticos de la cadena logística donde pueden producirse imprevistos y desviaciones.
   - Medidas para optimizar el costo logístico en las diversas áreas: stock, almacenaje, picking, transporte.
   - Cuadro de control de costos. Pirámide de información del costo logístico.
   - Ejemplo práctico de cálculo del costo logístico en una operación de comercialización, teniendo en cuenta el costo de compra, los costos de stock, almacenaje y manipulación, el costo de transporte de distribución y los costos administrativos e indirectos.
4. **Redes de distribución**
   - Diferentes modelos de redes de distribución:
   - Directa desde fábrica a cliente.

- Directa a través de un almacén regulador.
- Distribución escalonada.
- Outsourcing en la distribución.
- Cálculo del costo logístico de distribución en los diferentes modelos:
- Costo financiero del costo.
- Costo de almacenaje.
- Costo de preparación de pedidos.
- Costo de transporte tanto de larga distancia como de reparto final.
- El costo del outsourcing.

5. **Gestión de imprevistos e incidencias en la cadena logística**
    - Incidencias, imprevistos y errores humanos en el proceso de distribución.
    - Puntos críticos del proceso. Importancia cualitativa y monetaria de los mismos.
    - Análisis de determinados procesos críticos:
        - — Carga y descarga de mercancía.
        - — Transporte y entrega.
        - — Incidencias más frecuentes.
        - — Estrategias de detección, seguimiento y corrección.
        - — Indicadores de gestión (KPI).
    - Seguimiento y localización física de la mercancía en el proceso de distribución.
    - Sistemas informáticos y tecnología aplicada: GPS, satélite, radiofrecuencia.
    - Acceso del cliente a la información.
    - Determinación de responsabilidades en una incidencia:
        - — Detección del punto físico y momento temporal en que se produce (fase del proceso logístico).
        - — Solución.
        - — Actitud preactiva ante incidencias por parte de los actores de la cadena de suministro.

- En diversos supuestos prácticos, cómo actuar en una incidencia:
  - Actuaciones diferentes según el tipo y el momento de la misma: en el control de recepción, en la manipulación, en la preparación de pedidos, en el transporte.
  - A quiénes se debe informar y contenido de la información.
  - Propuesta de actuación correctora el caso actual y cara al futuro.
- Incidencias y su tratamiento informático. Sistema de documentación: grabación de datos, información mínima, clasificación según tipos, seguimiento y solución dada a la misma, costo real o estimado, cliente afectado o proveedor involucrado, punto de la cadena en que se produjo.

6. **Información, comunicación y cadena de suministro**
   - Tecnología y sistemas de información en logística.
   - La pirámide de información.
   - Ventajas y posibles inconvenientes: costo y complejidad del sistema.
   - La comunicación formal e informal:
     - Comunicación oral y comunicación en soporte comprobable.
     - Metodología en la generación y transmisión de la información.
   - Sistemas de utilización tradicional y de vanguardia: la informática, satélites, GPS, EDI, transmisión de ficheros, e-mail, teléfono, fax. Características. Pros y contras de los diferentes sistemas.
   - Información habitual en el almacén:
     - Picking list, parking list, reports de actividad e incidencias.
     - Pedidos de clientes y pedidos a proveedores.
     - Información sobre flujos internos y flujos con terceros (entradas y salidas al y del almacén).
     - Documentos de transporte nacional, de exportación y de importación.
   - Terminología y simbología utilizadas en la gestión del almacén.

Introducción a la obra

Nos encontramos en una economía globalizada. Los mercados se han internacionalizado, paulatinamente se reducen las barreras entre los distintos países y áreas comerciales y resulta imprescindible para las organizaciones focalizar su punto de mira en aportar valor a los clientes de diversos países y culturas.

La logística y la gestión de la cadena de suministro permiten que los bienes y servicios puedan estar presentes en cualquier país y adaptados a las necesidades de cada mercado, de ahí la importancia de obtener un profundo conocimiento de los procesos implicados, los flujos de materiales e información y sus costes.

En este contexto, las empresas deben tener una atención "real" a las necesidades de los consumidores. Para ello, hay que poner en valor la cadena de suministro, ser creativos, reducir los costes de transacción y conseguir hacer un flujo de comunicación mucho mejor, fácil y rápido. Hacer llegar el máximo valor al cliente al mínimo coste, disponiendo de la información necesaria y en el menor tiempo posible.

Destacar asimismo el importante papel de la logística inversa como parte fundamental de la gestión de la cadena ya que supone una importante fuente de información de los clientes, es clave para la gestión de las incidencias, clave para la mejora continua y un apoyo fundamental en la defensa del medio ambiente.

En este cambio de paradigma, pasando de "orientación a producto" a "orientación a cliente", el objetivo final es lograr una logística en "movimiento", de acción y no de reacción. Ya no solamente supondrá tener que lograr la eficiencia en las operaciones, sino precisamente ser ese nexo entre el mercado (junto con las actividades de marketing) exigente y cambiante y la organización.

Veamos las características del escenario en el que se mueven actualmente las organizaciones:

- Los ciclos de vida de producto y tecnología se acortan.

- Adaptación al cliente, provoca la necesidad de generar continuamente productos y servicios personalizados, lo que supone ser muy flexible y con un alto índice de rapidez de respuesta.
- El primero en llegar consigue una alta cuota de mercado, que después hay que mantener (fidelizar) y posiblemente aumentar (desarrollo de nuevos productos y/ o servicios).
- La globalización creciente provoca un amplio abanico de proveedores, pero también de competidores.
- Los clientes aumentan sus niveles de exigencia.
- Existe un fuerte grado de externalización, pero la necesidad de obtener rápidos niveles de respuesta obliga a buscar la integración y las sinergias entre los distintos actores del mercado.

1. Fases y operaciones en la cadena logística

Introducción

El día a día de la actividad de las empresas impone la necesidad de coordinar actividades, actores y recursos y las relaciones entre ellos, con el fin último de prestar un adecuado servicio a sus clientes.

Además, el entorno cambiante y globalizado en el que actualmente viven las organizaciones obliga a las mismas a la búsqueda de ventajas competitivas que las diferencien de sus competidores.

Contenido

1.1. La cadena de suministro: fases y actividades asociadas

Comencemos definiendo qué es la cadena de suministro, como el conjunto de actividades de planificación, abastecimiento, producción y logística, que permiten gestionar todos los flujos tanto de materiales como de información desde el primer proveedor hasta el consumidor final e integrando a todos los actores que forman parte tanto interna (departamentos de la empresa) como externamente (proveedores y consumidores finales) en estas actividades.

La cadena de suministro debe:

- Ser rentable.
- Buscar la especialización en cada tramo de la cadena.
- Ser flexible a los cambios.
- Tener visibilidad en lo que ocurre en cada una de sus actividades.
- Buscar la eficiencia en el desempeño.
- Integrar a los diferentes actores.
- Buscar la sostenibilidad del medio ambiente.

En definitiva, **proporcionar ventajas competitivas que diferencien a la organización de sus competidores.**

Vemos que la logística es parte fundamental en la cadena de suministro. La logística planifica, implementa y controla todos aquellos flujos de materiales e información desde los proveedores hasta el consumidor final y comparte sus mismos objetivos finales.

Concretamente, la logística abarca una serie de procesos cuyo objetivo final es garantizar que los materiales (abastecimiento) y productos (distribución) lleguen a los clientes, en el lugar adecuado, en el momento adecuado y en la condición requerida (en cantidad y calidad), encargándonos tanto de su diseño como de su posterior desarrollo y gestión:

- Almacenamiento.
- Gestión de inventarios.
- Gestión de las entradas y salidas de mercancía.
- Transporte de larga distancia, tanto nacional como internacional, en los distintos modos de transporte (carretera, barco, avión, ferrocarril).
- Distribución capilar o de última milla.

- Gestión de la información asociada a estas actividades (control de los transportes, control del nivel de inventario, trazabilidad de los productos y los pedidos, documentación asociada, bases de datos, etc.).
- Logística inversa.

La gestión de la cadena de suministro, además de las actividades encuadradas en logística, incluye todas aquellas actividades anexas al producto como son:

- Gestión de compras.
- Procesos de fabricación.
- Calidad de producto.
- Gestión de la demanda.
- Desarrollo de producto.

(Definiciones según el Council of Supply Management Proffesionals)

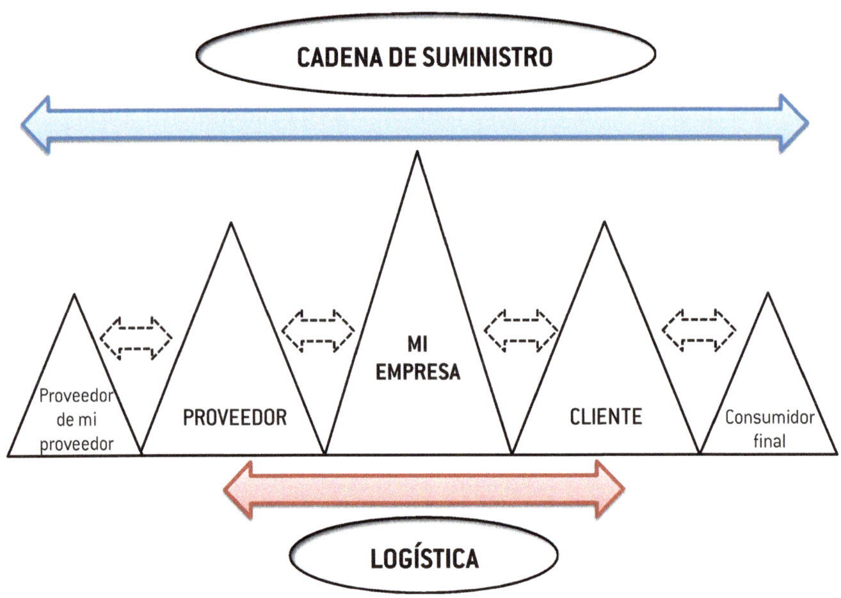

Figura 1.1. Diagrama de integración de actores en la cadena de suministro.

> La gestión de la cadena de suministro comienza con los proveedores de tus proveedores y termina con los clientes de tus clientes.

1.1.1. Actores: proveedores, empresa, clientes, empresas de transporte, almacenes en tránsito, centrales de compra y distribución

Veamos quiénes son los actores que forman parte y su función dentro de la cadena de suministro:

- **Proveedor.** Aquella persona (física o jurídica), externa a la empresa, que la provee de aquellos bienes y servicios que esta no produce o genera internamente, necesarios para la realización de su actividad.
- **Empresa.** Es una organización, con ánimo de lucro (obtención de beneficios), constituida legalmente, que integra personas y medios con el fin de dotar o producir bienes o servicios a un mercado para cubrir una necesidad.
- **Cliente.** Son todas aquellas personas (físicas o jurídicas) que adquieren bienes y/o servicios a cambio de un precio.
- **Empresa de Transporte (de mercancías).** Según la Ley de Ordenación del Transporte Terrestre (Ley 9/2013, de 4 de julio, por la que se modifica la Ley 16/1987, de 30 de julio, de Ordenación de los Transportes Terrestres) es "toda aquella persona jurídica, titular de una licencia o autorización que habilite para realizar transporte como porteador o como operador de transporte, que se dedica a trasladar mercancías desde el cargador o expedidor al consignatario o destinatario de las mismas".

  Regula en la modificación de 2013 la multimodalidad, fundamental en una economía globalizada en la que el transporte internacional cobra una especial importancia.

  "A los efectos de esta ley, se considera multimodal aquella operación de transporte mediante la que se trasladan mercancías o viajeros utilizando de forma simultánea o sucesiva más de un modo de transporte, siendo uno de ellos el terrestre, con independencia del número de transportistas que intervengan en su ejecución, siempre que dicha operación se encuentre planificada de forma completa y coordinada por quien organizó el transporte, ya se trate del cargador, de un transportista o de un operador de transporte" (art. 28).
- **Almacén de tránsito.** En general, podemos definir el almacén como aquel espacio físico en el que guardamos y/o manipulamos mercancías, ya sean propias o en depósito.

  Según su localización y actividad, distinguimos entre almacenes centrales, almacenes regionales y almacenes de tránsito (también denominados plataformas cross-docking). Estos últimos son aquellos almacenes que facilitan y optimizan la consolidación, la ruptura y la expedición rápida de mercancías.

- **Central de compra y distribución**. Generalmente son empresas que facilitan y aglutinan las compras de un mismo producto de diversos clientes y su posterior distribución, optimizando precios de compra y costes de transporte.

1.1.2. Relaciones y sinergias

¿Cómo interactúan los agentes anteriormente referidos entre sí?

Los proveedores abastecen de materias primas y servicios a las empresas, que a su vez abastecen de productos y servicios a los clientes.

Para que tanto las materias primas como los productos lleguen a los clientes, generalmente es necesaria la intervención de una empresa de transporte.

El flujo/transporte de materiales es optimizado mediante almacenes de tránsito y centrales de compras y distribución.

> ? Para lograr una mejor gestión de la cadena, es conveniente alcanzar acuerdos duraderos beneficiosos para ambas partes con proveedores y clientes clave.

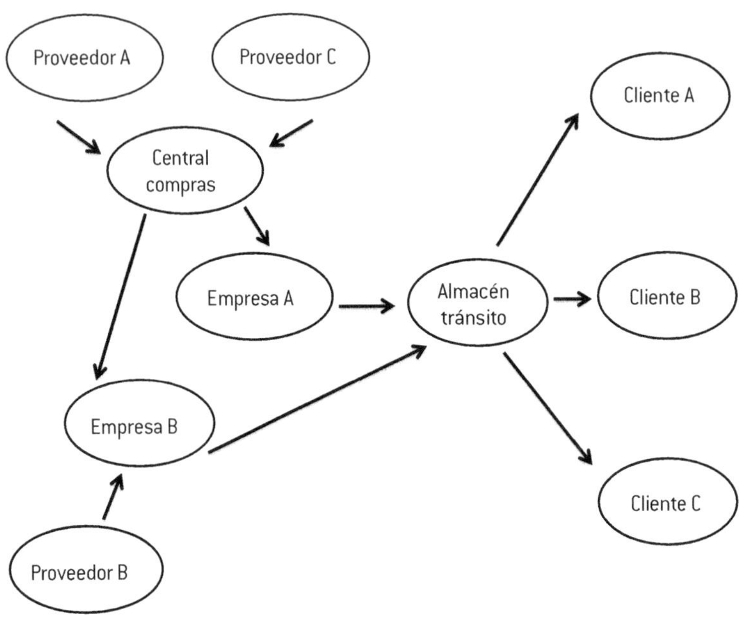

Figura 1.2. Diagrama de relaciones y sinergias entre los actores de la cadena de suministro.

1.1.3. Elementos organizativos, materiales, tecnológicos e informáticos

Para que la cadena de suministro pueda realizar sus funciones adecuadamente y con los estándares de calidad y nivel de servicio adecuados a los requerimientos de los clientes, se nutre y apoya de elementos organizativos:

- **Materiales.** Todos aquellos equipos de producción (maquinaria, etc.), manutención (estanterías, carretillas, etc.) e instalaciones (centros productivos, almacenes, etc.) necesarios para la correcta producción y organización de las mercancías.
- **Tecnológicos.** Utilizamos la tecnología desarrollada en el sector logístico para facilitar y optimizar las operaciones de control de la mercancía a lo largo de la cadena logística (almacenaje, picking, trazabilidad, etc.).
- **Informáticos.** El desarrollo e implementación de aplicaciones informáticas nos permite el registro y control tanto del flujo de materiales como de información.

1.2. Flujos en la cadena de suministro: flujo físico de materiales y flujo de información. Características de los mismos. Cómo se articulan. Ejemplo concreto de un proceso de aprovisionamiento desde que se lanza la orden de pedido hasta su recepción en almacén

Como veíamos anteriormente, la cadena de suministro se ocupa de la gestión de todos los flujos tanto de materiales como de información desde el primer proveedor hasta el consumidor final:

- **Flujos de materiales,** planificando los movimientos físicos de materiales desde pedido a proveedor hasta la entrega en destino al consumidor final.

  La planificación de estos flujos deberemos hacerla atendiendo los principios de calidad, mínimo coste, mínimo plazo de entrega, es decir, procurando que los materiales sean movidos de manera económica y efectiva.

- **Flujos de información,** recogiendo y haciendo llegar (en sentido contrario al flujo de materiales) la información desde consumidor final/cliente a proveedor.

  Cuando el cliente/consumidor final demanda o realiza un pedido, esta información se articula en una serie de documentos que fluyen a través de la cadena hasta finalizar con un pedido a nuestros proveedores. Es en este momento cuando comienza el flujo de material.

Además, este flujo o canal de información deberá ser capaz de recoger información acerca de incidencias, preferencias y toda aquella información generada a lo largo de la cadena, necesaria para la estrategia de la empresa.

Resulta imprescindible por lo tanto que a lo largo del canal de información se asegure la **seguridad, veracidad e integridad** de la misma.

Veamos un ejemplo de cómo se articulan los dos flujos:

Una empresa A solicita a su proveedor B, mediante una orden de pedido (flujo de información), un pedido de productos.

La empresa B la recibe (flujo de información), pasa esa orden a producción/almacén (flujo de información) y fábrica/preparación de pedidos la ejecuta (flujo de material).

Se fabrican y/o se extraen, acondicionando y embalando (flujo de material) los productos para su posterior expedición (flujo de material) y transporte al cliente (flujo de material).

Una vez descargada y entregada la mercancía (flujo de material), los albaranes firmados por la empresa A se entregan al transportista, que a su vez los remitirá a la empresa B (flujo de información) para que esta elabore la factura o recoja las no conformidades que puedan ir anotadas en el albarán (flujo de información).

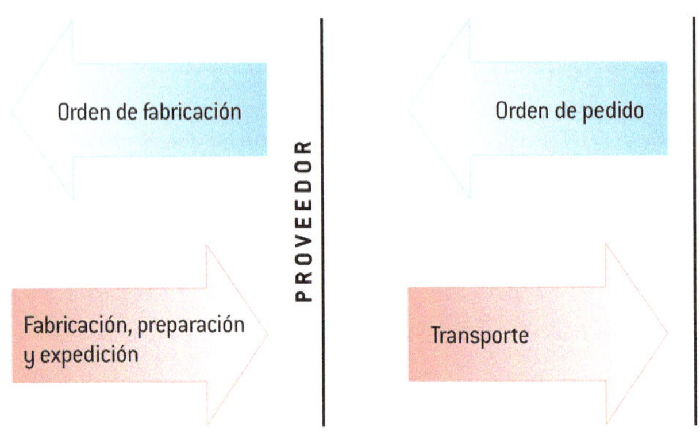

Figura 1.3. Flujos de información y materiales en un proceso de pedido.

1.3. El flujo de información: en tiempo real, fiable, seguro, fácil de interpretar y manejar

Es parte fundamental de la cadena de suministro diseñar un sistema de flujo de información que reúna estas características. Analicemos la importancia de cada una de ellas:

- **En tiempo real**: si diseñamos un sistema que nos asegure una disponibilidad inmediata de la información, supondrá el poder alcanzar un nivel de servicio adecuado para nuestros clientes, tanto para atender sus pedidos que conoceremos en el acto, como para atender sus incidencias y reclamaciones.

  Además, es fundamental conocer en tiempo real los niveles de stock disponibles para atender los pedidos de cliente a lo largo de toda la cadena de suministro. Si no es así, corremos el riesgo de no poder atenderlos por no disponer de existencias.

- **Fiable**: debemos utilizar medios técnicos que aseguren que la información recibida es fiable y completa, ya que lo contrario supondrá una fuente de errores y no conformidades que generarán insatisfacciones en los clientes.
- **Fácil de interpretar**: la información será utilizada por los distintos actores de la cadena, por lo que es imprescindible que sea entendible por todos y cada uno de ellos.
- **Fácil de manejar**: para asegurar su correcta interpretación y que sea utilizable en tiempo real.

Las nuevas tecnologías, como RDFI, SGA, EDI nos ayudan a garantizar que el flujo de información cumpla todos estos requisitos.

> ? Una parte fundamental de la información que ha de recoger y canalizar el flujo de información es la referente a los datos de consumo del consumidor final (recuerda, la gestión termina con los clientes de tus clientes). Esto nos permitirá recoger datos sobre el comportamiento de compra, previsiones de ventas (tirones de la demanda o "Pull") que permitirán la adaptación del producto al cliente y una óptima gestión de inventarios.

1.4. Flujo de materiales: seguro, eficaz y con calidad. Diagrama de flujos interconexionados

Al diseñar y organizar el flujo de movimiento de materiales, debemos asegurarnos de que este sea:

- **Seguro**: para garantizar que las mercancías en todo momento sean las que tienen que ser, que no haya roturas, pérdidas, robos, extravíos, olvidos ni confusiones en su envío o en los distintos traslados a lo largo de la cadena.
- **Eficaz**: las mercancías han de llegar a su destino en el momento preciso y adecuadamente según los requerimientos de los clientes, así como el abastecimiento de materias primas para evitar roturas en la cadena de

producción. Y todo ello de manera eficiente, al mínimo coste posible, respetando la eficacia.

- **Con calidad**: el diseño del flujo de materiales tiene que garantizar la integridad de los mismos a lo largo de la cadena, para que los productos mantengan en todo momento los estándares de calidad implantados por la empresa y exigidos por los clientes.

Para conseguir estos tres requisitos, tendremos en consideración estos factores en el diseño del flujo de materiales:

- Suponga un incremento en la productividad.
- Optimice la utilización del espacio.
- Optimice la utilización del equipo.
- Reduzca el tiempo del proceso.
- Reduzca las distancias recorridas.
- Otorgue facilidad de supervisión.

Como ejemplo, veamos las recomendaciones que nos hace un fabricante de soluciones de almacenaje (Mecalux, SA) a la hora de diseñar el flujo de materiales en el almacén:

Cada flujo, cada movimiento que se realiza dentro del almacén supone un coste a sumar al proceso de almacenaje, al coste logístico y al coste total del producto. Claro ejemplo de esto es el fraccionamiento que en la distribución debe realizarse sobre las unidades de carga (Un solo palet puede contener centenares de unidades de venta).

No solo las manipulaciones que debe sufrir la mercancía aportan coste. Otro punto muy importante a considerar son las distancias a recorrer en el almacén, cuanto mayor es el mismo, más recorrido han de hacer las máquinas de manutención y el personal, con lo que también se incrementa el coste. En centros con mucho movimiento, se recomienda analizar la aportación de sistemas que faciliten que el producto vaya al hombre, en lugar de que sea el hombre el que vaya al producto y minimizar así los recorridos.

No solo el tamaño del almacén, sino que también la ubicación de las referencias marcará las distancias y las veces que las debemos recorrer. Tengamos en cuenta que cuanto más cerca estén las mercancías de mayor demanda o mayor tamaño de los muelles de carga y descarga, menor será la distancia recorrida con estas mercancías.

También los elementos y equipos utilizados en el almacén nos ayudan a organizar y racionalizar los flujos en el recinto. Así, conseguiremos que el personal logre emplear en cada actividad el menor tiempo posible, maximizando la productividad.

"Los costes de manipulación se pueden reducir y, por lo tanto, un almacén puede ser más rentable, si se aplica una correcta distribución de los productos según su consumo, una adecuada manipulación, el correcto orden de los flujos y una correcta ubicación de los puntos de procesos intermedios."

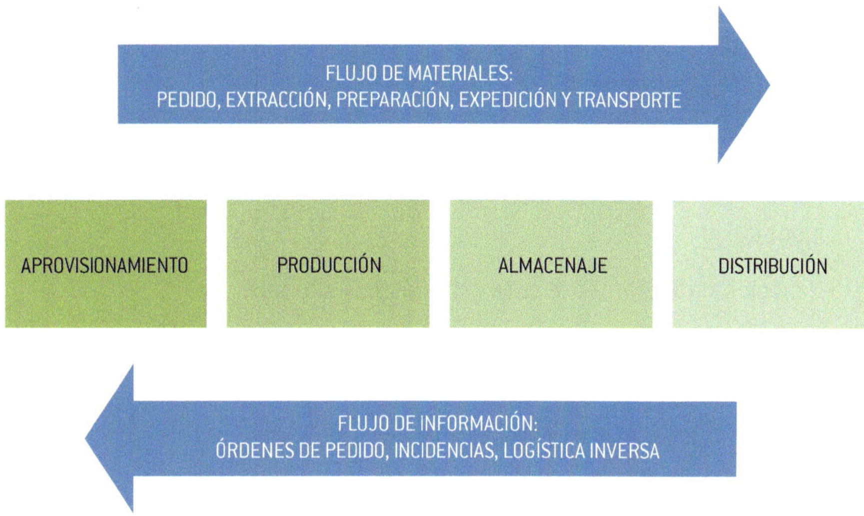

Figura 1.4. Diagrama de flujos interconexionados.

> También es fundamental, en la gestión de la cadena, considerar e integrar el flujo de efectivo, ya que la velocidad de este flujo y el nivel de utilización de activos son factores clave a tener en consideración para el desempeño logístico (para evitar sobrecapacidades).

1.5. Cadena logística: objetivos. Cómo lograrlos. Integración de actores y sinergias a conseguir

Como veíamos anteriormente, la cadena logística supone la planificación, implementación y control de todos aquellos flujos de materiales e información desde los proveedores hasta el consumidor final. No se limita al almacenaje y transporte de producto terminado, o al transporte únicamente, o solo al área del servicio al cliente, sino que integra los flujos (materiales e información) desde el primer proveedor hasta el consumidor final.

De ahí la importancia de considerar e integrar a todos los actores implicados en estos flujos para conseguir que tanto los materiales como la información fluyan a lo largo de la misma con eficacia, efectividad, fiabilidad y calidad garantizando así la integridad tanto del producto como de la información.

1.5.1. Ventajas de la integración logística frente a tratamientos aislados

Integrando todos los actores de la cadena (desde primer proveedor hasta consumidor final), lograremos:

- Hacer prioritarias las necesidades de los clientes.
- Flexibilizar la organización para hacer frente a un mercado en continuo cambio.
- Reaccionar rápidamente ante cambios de escenario.
- Eliminar stocks innecesarios, logrando que la demanda de los clientes tire del proceso productivo.

> Para lograr el éxito en la integración, es fundamental la relación de cooperación a largo plazo establecida entre los distintos actores. Resulta prioritario a nivel gerencial definir roles, planes para compartir ganancias y riesgos, actuaciones para resolver conflictos y qué información deberá compartirse.

1.5.2. El lead-time y su control

¿Qué es el lead-time? Es el tiempo que transcurre entre que el cliente genera una orden de pedido hasta que los productos se entregan al mismo.

Es lógico pensar que para aumentar la satisfacción de nuestros clientes, deberemos disminuir este tiempo al máximo (eficiencia) garantizando calidad y fiabilidad del pedido. Y sobre todo, respetar los plazos comunicados al cliente; no hacerlo así genera un alto grado de insatisfacción.

El lead-time es fundamental para medir el grado de flexibilidad y la capacidad de respuesta de la empresa. Esta medición y análisis de resultados se traducirá en:

- Ventaja competitiva para la empresa, si suministramos en un tiempo inferior a la media del sector.

- Reducción del stock mínimo de producto terminado; no necesitaremos mantener grandes cantidades de stock de productos para atender las demandas de nuestros clientes, ya que produciremos los pedidos rápidamente, con el consiguiente impacto en la cuenta de resultados.
- Resolución de problemas y mejora continua: al reducir el lead-time, los problemas afloran más rápidamente y el tiempo de respuesta a los mismos se reduce.

> El aumento de las demandas de los clientes, la competencia global y la disminución del coste de desarrollo de nuevos productos y servicios (por los avances en los procesos productivos y de distribución), están acelerando el tiempo de comercialización.

1.5.3. La cadena de valor añadido

¿Qué es la cadena de valor? Es el conjunto de acciones y actividades que desarrolla la empresa, por las cuales el cliente está dispuesto a abonar un precio. Es decir, son aquellas actividades de la empresa percibidas por el cliente y por las cuales está dispuesto a pagar.

Concepto clave introducido por Michael Porter en su libro de 1985 "Ventaja Competitiva" y que también ha de serlo tanto en la cadena de suministro como en la cadena logística. Ambas han de procurar eliminar todos aquellos procesos que no aportan valor, es decir, todo aquello que no sea percibido por el cliente y que por consiguiente no va a estar dispuesto a pagar.

Por ejemplo, hemos visto que la disminución del lead-time aumenta la satisfacción del cliente, es obvio pensar que este estará dispuesto a pagar más por obtener el producto en un tiempo muy inferior que de los competidores de la empresa.

De aquí surgen dos importantes conceptos que nos ayudarán a mejorar nuestra cadena de valor:

- **Procesos clave**: aquellos percibidos directamente por el cliente (ej.: las entregas).
- **Procesos de apoyo**: no son percibidos directamente por el cliente, pero influyen directamente en la mejora de los procesos clave (ej.: la gestión del aprovisionamiento disminuye el lead-time).

1.5.4. El servicio al cliente

En definitiva, todos los conceptos vistos anteriormente han de enfocarse hacia la perspectiva de servicio al cliente, proporcionar el mejor servicio (que es por lo que nos van a pagar) al menor coste posible.

La búsqueda de ventajas competitivas para la empresa (ser mejor que sus competidores) ha de basarse en satisfacer las necesidades de los clientes y la búsqueda de la fidelización. Para ello hemos visto el papel fundamental que juega la gestión de la cadena logística.

La cadena logística ha de proporcionar, en estrecha colaboración con el departamento comercial:

- Fiabilidad en las entregas.
- Plazos (lead-time) reducidos.
- Disponibilidad de producto adecuada (gestión de stocks).
- Adecuada red de distribución para lograr los objetivos anteriores.
- Flujo de información adecuado que garantice la fiabilidad.

Veamos como ejemplo de todo esto el caso de **Amazon.com**. La clave de su posicionamiento, según Jeff Bezos, su fundador, fue entender la web como una herramienta para hacer negocios.

No solo eso, sino que Amazon ha entendido que la logística es un pilar clave de su negocio. Cada vez incorpora más procesos logísticos en su organización, avanzando en el control de su cadena de suministro lo que le ha permitido lanzar nuevos servicios como el programa Prime y más recientemente el programa Prime Now, acortando los plazos de entrega y proporcionando la inmediatez que solicitan sus clientes. Logística como fuente de aportación de valor.

La ventaja que Amazon.com posee tiene mucho que ver con el servicio y el producto que ofrecen, pues son nuevos, llevados desde sus proveedores hasta la puerta de su casa. Es un servicio de calidad total percibida por clientes que no tienen el tiempo de comprar y que, solo con una sencilla gestión en su página web, logra complacer y satisfacer todas las necesidades de sus clientes.

Ha desarrollado su Fulfillment Web Service (Amazon FWS), que embala y distribuye productos de proveedores y llega a más y más clientes, ofreciendo un servicio completamente diferente pero siempre basado en la logística y la distribución. A pesar de no tener ninguna tienda, dispone ya de más de 1.6 millones de m^2 en superficie de almacén. La compañía se dio cuenta que para proveer un servicio rápido y fiable a sus clientes era necesario tener y controlar sus propios almacenes.

A día de hoy, Amazon no solo suministra sus propios pedidos para sus clientes, sino que se ha convertido en un operador logístico especializado en e-commerce para otras empresas. Su estrategia es dar un excelente servicio a los clientes de sus clientes, porque de esta forma se convertirán más adelante en sus propios clientes. Si utilizan el canal de Amazon es muy probable que lo utilicen más adelante para comprar otros productos suministrados por el propio Amazon.

Puntos clave:

1. Economías de escala en la compra de productos por su alta cuota de mercado.
2. Focalización en la gestión de la cadena de suministro.

1.6. Logística y calidad

El modelo de Gestión de la Calidad de las normas ISO 9000 y el Modelo Europeo de Excelencia de la EFQM recogen la orientación a cliente como uno de los principios básicos en la gestión de las organizaciones. Hemos visto que la logística es crítica tanto para aumentar (o disminuir) el grado de satisfacción al cliente como su fidelización, por lo que analicemos los factores de medición tanto de "calidad" como de "no calidad".

1.6.1. Factores y puntos críticos en el proceso logístico desde el punto de vista de la calidad

Veamos ahora cuáles son los factores críticos y aquellas variables susceptibles de medir y analizar desde la logística que responden directamente al objetivo de orientación a cliente:

- **Lead-time a consumidor final**: suministrar el producto/servicio a cliente en el mínimo plazo posible.
- **Fiabilidad de las entregas**: suministrar exactamente el producto requerido en condiciones óptimas.
- **Gestión de devoluciones**: lograr un adecuado servicio post-venta.
- **Gestión de stock**: disminuir el stock mínimo; aparte de reducir costes internos en la organización, se disminuye el riesgo de errores por excedentes o faltas de productos por errores inventariales.
- **Gestión de la información**: lograr que el flujo de información sea en tiempo real y fiable.

1.6.2. Medición de la no-calidad logística

Así como es importante medir el grado de satisfacción del cliente, tanto más es importante detectar aquellos puntos en los que el cliente NO está satisfecho e implementar las medidas correctivas necesarias.

Entraremos de esta manera en un **proceso de mejora continua** que repercutirá directamente en un incremento de la satisfacción del cliente y en la reducción de costes por ineficiencias.

El esquema general del proceso de implantación de un sistema de calidad ISO 9001 nos indica en su capítulo cinco la medición, análisis y mejora: seguimiento y medición (satisfacción del cliente, seguimiento y medición de procesos y del producto), control de producto no conforme, análisis de datos y mejora (mejora continua, acción correctiva y acción preventiva).

Si una empresa vuelca sus esfuerzos en conseguir una serie de procedimientos que mejoren su eficiencia productiva y de procesos internos, pero no consigue medir el resultado de los nuevos procedimientos, no podrá mejorar ni obtener los resultados esperados.

Los indicadores de calidad son herramientas de medición que toman como referencia la información que se recoge dentro de la empresa y que miden el grado de cumplimiento de los requisitos marcados en el sistema de calidad. Para cada empresa, los indicadores serán distintos en base a su actividad, aunque sí deberán tener unas características comunes:

- Realistas.
- Medibles.
- Fáciles de calcular.

Uno de los métodos para detectar estas "insatisfacciones" es la realización de cuestionarios periódicos a nuestros clientes, utilizando el enfoque del incidente crítico y elaborando un listado, lo más exhaustivo posible, de todas las dimensiones logísticas que nos permitirán recoger información veraz y medible y aplicar así las medidas correctivas adecuadas.

Un incidente crítico es un ejemplo específico del producto o servicio que describe actuaciones tanto positivas como negativas, contempladas desde la perspectiva del cliente.

- Positivo: característica que al cliente le gustaría observar.
- Negativo: característica que al cliente le haría dudar de la calidad del producto/servicio.

Permite a la empresa rastrear las variables clave con las que el cliente construye su percepción del producto o servicio (percepción que puede ser positiva o negativa), a través de adjetivos específicos.

Los factores clave de un incidente crítico adecuado son:

- Ser específico, es decir, que describe únicamente una característica del producto o servicio.
- Describir al proveedor en términos de comportamiento.
- Describir el servicio mediante adjetivos concretos.
- Ser de fácil comprensión.
- Tener significado similar para personas diferentes.

Existen diversos métodos o modelos de recogida de información, aunque el más utilizado y el que mejores resultados da para detectar errores en la cadena logística es el cuestionario SERVQUAL. Propone medir la calidad percibida como el resultado de comparar las expectativas del cliente (lo que cree que la empresa debe ofrecer), con la percepción del desempeño que se tiene del producto o servicio recibido.

Otros métodos alternativos son: SERPERF, que utiliza exclusivamente la percepción como una buena aproximación a la satisfacción del cliente (más sencillo y menos molesto para el cliente), EP (Desempeño Evaluado), NQ (Calidad Normalizada).

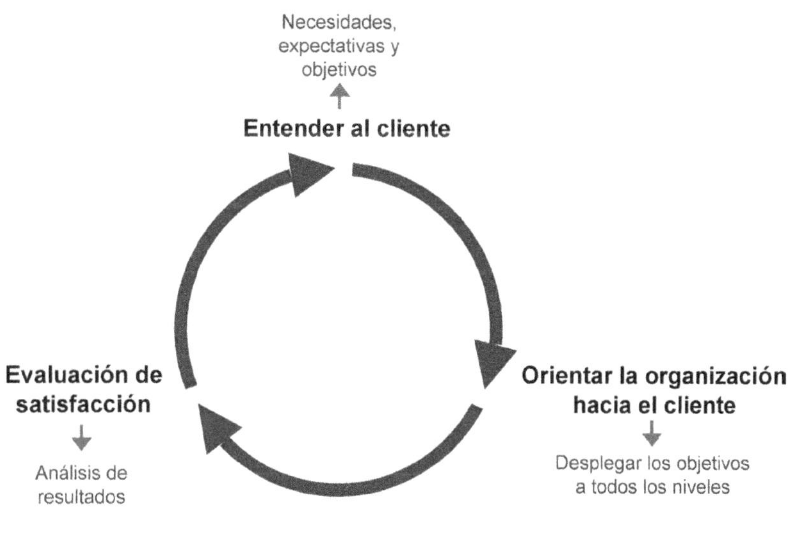

Figura 1.5. Medir la satisfacción del cliente. Fuente: Guía para la medición directa de la satisfacción de los clientes. Instituto Andaluz de Tecnología.

1.6.3. Calidad preventiva

De acuerdo a la norma UNE-EN ISO 9000:2005, una acción preventiva es una acción tomada para eliminar la causa de una no conformidad potencial u otra situación potencialmente indeseable. Se diferencia de la acción correctiva en que para realizarla no es necesario que se haya presentado ninguna no conformidad.

Es importante reseñar que la acción preventiva se toma para evitar que algo suceda, mientras que la acción correctiva se toma para evitar que vuelva a producirse.

De acuerdo con estos conceptos, resulta fundamental el establecimiento de acciones preventivas en el área logística para evitar incurrir en sobrecostes, ineficiencias y la consiguiente no satisfacción del cliente. Es decir, debemos no solamente hacer y controlar que las cosas se hacen bien, sino anticiparnos a los posibles problemas y establecer soluciones a los mismos.

1.6.4. Medición del coste de la no calidad

El "no hacer las cosas bien" en el área logística genera costes derivados de esas ineficiencias, medibles con la ayuda de los siguientes indicadores:

- **Calidad de los pedidos generados:** número y porcentaje de pedidos de compras generadas sin retraso, o sin necesidad de información adicional (flujo de información).
- **Entregas perfectamente recibidas:** número y porcentaje de pedidos de compras que no cumplen las especificaciones de calidad y servicio definidas.
- **Nivel de cumplimiento de proveedores:** número y porcentaje de pedidos de compras recibidos en tiempo.
- Índice **de rotación de mercancías:** proporción entre las ventas y las existencias promedio. Indica el número de veces que el capital invertido se recupera a través de las ventas.
- Índice **de duración de mercancías:** proporción entre el inventario final y las ventas promedio del último período. Indica cuántas veces dura el inventario que se tiene.
- **Exactitud del inventario:** se determina midiendo el coste de las referencias que en promedio presentan irregularidades con respecto al inventario lógico valorizado cuando se realiza el inventario físico.
- **Coste de almacenamiento por unidad:** relaciona el coste total del almacén con el número de unidades almacenadas en un período determinado.

- **Coste por unidad servida:** relaciona el coste total del centro de distribución sobre el coste de las unidades de producto servidas en un período determinado.
- **Nivel de cumplimiento de pedidos:** relaciona el número de envíos realizados a clientes con efectividad (en tiempo y forma) respecto al número total de pedidos enviados en un período determinado.
- **Rentabilidad del transporte:** mide el coste unitario de transportar una unidad de pedido con medios propios respecto al coste de utilizar medios de transporte externos.
- **Nivel de utilización de los medios de transporte:** mide la capacidad real utilizada respecto a la capacidad real del medio de transporte, en términos de volumen y peso.
- **Costes logísticos:** relaciona los costes logísticos totales en la empresa respecto a las ventas totales para medir el nivel de contribución en la rentabilidad de la misma.

1.7. Gestión de la cadena logística

Como ya hemos visto, la logística abarca la ejecución de los procesos que garantizan el flujo de materias primas, productos, servicios e información a lo largo de toda la cadena de suministro.

La **gestión logística** supone la **planificación** de las actividades y su implementación, su **control** y la aplicación de medidas correctivas y de **mejora** en las mismas. Esto es lo que permite que la gestión logística sea una de las fuentes del valor que se le aporta al cliente.

Resulta fundamental para una correcta gestión de la cadena logística conocer, tener en cuenta y alinear los distintos objetivos de las distintas áreas funcionales de la empresa (la logística es transversal, implica a todos los departamentos), optimizando el coste y maximizando el servicio ofrecido.

Según la EAE Business School, los objetivos a perseguir por la gestión logística son:

- Aumentar la **competitividad.**
- Minimizar **errores.**
- Aumentar los niveles de **calidad.**

- Disminuir el **gasto.**
- Incrementar la **productividad.**
- Mejorar el **rendimiento.**

Veamos a continuación las distintas operaciones dentro de la empresa en las que la gestión de la cadena logística y/o la cadena de suministro debe lograr la coordinación de toma de decisiones y asegurarse de que el proceso de creación de valor se integre, definiendo de forma ágil y sencilla todos los procesos involucrados desde la adquisición de materiales hasta la entrega del producto/servicio al usuario final. La logística así debe tener una **visión horizontal** de las organizaciones (ver Figura 1.1).

1.7.1. Aprovisionamiento y compras

El proceso de aprovisionamiento debe responder a las necesidades de producción, minimizando costes y niveles de stock y maximizando el nivel de servicio. En colaboración con compras y producción, definiremos:

- Qué cantidades se compran.
- En qué momento se compran.
- Cómo vamos a traerlas.
- Dónde comprarlas (ubicación, influye en el plazo de entrega de los suministros).

Estos aspectos asimismo generarán una serie de indicadores que nos ayudarán a controlar e informarán de que estamos aplicando una política de compras adecuada.

Especial consideración merece la gestión de inventarios, tanto de aprovisionamientos como de producto terminado, por el alto coste que supone. En el caso concreto de aprovisionamiento, atendiendo al objetivo principal de cubrir las necesidades de producción, debemos tener en cuenta los siguientes aspectos:

- Nivel de stock. Hay que minimizarlo, para evitar:
  - Riesgos (obsolescencias, mermas, roturas).
  - Costes financieros (inventario).
  - Costes de almacenaje.
- Nivel de servicio. Definirlo perfectamente (cómo vamos a pedir y traer los suministros). Es clave si queremos reducir al máximo el nivel de stock.

Debemos asegurarnos de que se pide lo adecuado en cada momento, teniendo en cuenta los lead-time (y fiabilidad) de nuestros proveedores y asumiendo si es necesario el transporte de los suministros, para asegurar siempre que la producción no se vea afectada.

Combinando estos dos aspectos, lograr la adecuada combinación entre planificación y mantenimiento de inventario y JIT (justo a tiempo), especificando cuándo y en qué cantidades los materiales fluirán en la cadena.

1.7.2. Producción, almacenaje y distribución

Atendiendo a las premisas anteriormente marcadas de mercados globalizados, demanda cambiante, responder de una manera ágil a los "deseos" de los clientes, resulta lógico pensar que, aunque es más eficiente desde el punto de vista de costes planificar producción y por consiguiente, suministros, sabemos que esto ya no responde al mercado.

Deberemos diseñar un sistema de producción y de distribución que sea capaz de responder a los "tirones" de la demanda (pull).

Producción

Será prioritario disminuir al máximo los tiempos de producción, optimizando nuestro sistema productivo (de esto se encargará el director de operaciones o de producción) para lograr el objetivo de disminuir el lead-time a cliente, con máxima calidad y al mínimo coste. La producción debe responder a los tirones de la demanda en el entorno actual y no únicamente a necesidades de optimización de costes (producción por lotes).

Con esto, lograremos optimizar el nivel de stock mínimo necesario para atender nuestra la demanda de nuestros clientes, minimizando así todos los costes que supone mantener un inventario (roturas, costes financieros, costes de almacenaje).

Almacenaje

Además de las consideraciones para los inventarios y niveles de stock vistos en aprovisionamientos y almacén de producto terminado, en este caso consideraremos un proceso que es clave: la preparación del pedido.

En este caso resulta fundamental el flujo de información, un pedido se prepara cuando se recibe una orden de pedido de cliente.

Un pedido mal preparado será percibido negativamente por el cliente, aunque el producto cumpla los estándares de calidad (mal embalaje, inadecuado packaging). Nos pagan por el producto, pero también por el envoltorio.

Un pedido preparado con las cantidades incorrectas, con los productos incorrectos u obsoletos, también será percibido negativamente. Las distintas tecnologías de preparación de pedidos nos ayudarán a reducir y/o eliminar errores (RDFI, EDI, códigos de barras, etc.).

En el caso de e-commerce, este proceso se hace aún más clave si cabe (véase caso Amazon).

Distribución

Otro proceso clave es la distribución, ya que, además de que es el primer momento en el que el cliente ve nuestro producto, tiene contacto directo con el personal de nuestra empresa (le da igual que el transportista sea propio o subcontratado, siempre será la cara visible de la empresa ante el cliente).

Los retrasos y roturas en la distribución son percibidos negativamente por este, así como la puntualidad y buena recepción pueden constituir una ventaja competitiva frente a nuestros competidores.

1.7.3. Las mejores prácticas

Mediante el establecimiento de indicadores tanto estratégicos como operativos en el área logística que medirán todos los aspectos anteriormente considerados (aprovisionamiento, inventario, producción, almacén, distribución):

- Analizando estos datos.
- Estableciendo medidas correctoras.
- Haciendo seguimiento de la evolución de los mismos.

Detectaremos ineficiencias y áreas de mejora, que se traducirán en:

- Disminución de costes.
- Mejora de calidad.
- Mejora de la percepción del cliente.

1.7.4. Conexión y sinergias a establecer con clientes y proveedores

Hemos visto anteriormente que para una adecuada gestión de los procesos clave es imprescindible un cierto grado de integración tanto con clientes como con proveedores:

- Estableciendo políticas, objetivos y criterios comunes.
- Estableciendo un sistema de información ágil y fiable.
- Alineando la cadena de suministro con las necesidades de los clientes (sobre todo de los clientes clave).

1.8. El flujo de información

Es el intercambio bidireccional de datos de transacciones y status de inventario entre actores en la cadena de suministros. La tendencia es que sea cada vez menos basado en papeles, por ello las TIC (Tecnologías de la Información y la Comunicación) cobran cada vez más importancia y resultan en muchos casos imprescindibles como soporte para este flujo.

Además, estas garantizan el cumplimiento de las características de en tiempo real, fiable, fácil de manejar e interpretar que ha de tener todo sistema de información, máxime, cuando el comercio electrónico ha irrumpido con fuerza en el mercado.

> La cadena de suministro, controlada por las TIC, permite a los clientes gestionar sus propias experiencias de compra, aumentar la coordinación y conectividad entre los "socios" del suministro y ayuda a reducir costes operativos de cada una de las compañías de la cadena.

1.8.1. Elementos que contiene

Veamos qué información es necesario transmitir en la cadena de suministro:

- Datos de clientes.
- Datos de proveedores.
- Productos.
- Previsiones de demanda.
- Órdenes de pedido.
- Órdenes de fabricación.
- Existencias e inventario.
- Órdenes de picking.
- Documentos de expedición.
- Facturas.

- Documentos de cobro.
- Documentación de incidencias.

1.8.2. Trazabilidad

Es la información del recorrido de un producto a lo largo de toda la cadena de suministro. Es obligatoria en algunas industrias, como la alimentaria, garantizando que los productos llegan al consumidor en perfecto estado y, lo más importante, resulta imprescindible para retirar del mercado productos con algún defecto.

Resulta imprescindible para comprender el concepto de trazabilidad ver el concepto de **lote:** el conjunto de unidades de venta de un producto producido o envasado en circunstancias prácticamente idénticas.

A cada lote se le asignará un número, que identificará el momento del tiempo en el que ese producto fue manipulado o fabricado.

Esta información (número de lote) se incorpora junto con otros datos (país, empresa, producto) y se representa mediante un código numérico y un código de barras, conformando la etiqueta del producto, legible mediante sistemas de lectura de código de barras que leen y descifran esta información, e incorporable al sistema de flujo de información (SGA, ERP, etc.).

1.8.3. Tecnología e informática de apoyo. Información al cliente

Veamos ahora las aplicaciones tecnológicas que soportan el flujo de información:

- **Sistemas Integrados de Gestión** (ERP, Enterprise Resource Planning). Son aplicaciones que permiten la integración y el intercambio de datos entre los distintos departamentos de la empresa (producción, contabilidad, almacén, ventas, etc.). Integra pedidos, expediciones, facturas, cobros, incidencias, etc. Lo ideal es que el ERP sea capaz de integrar, mediante distintos módulos, todos los sistemas que vemos a continuación.
- **Tecnología RFID** (identificación por radiofrecuencia). Permite asignar y leer códigos de productos en cualquier sitio para acceder a su información y actualizarla inmediatamente en el sistema de gestión, con lo cual todos los actores de la cadena (y fundamental, los clientes) pueden conocer al momento de cada producto: lugar, condiciones, cantidad, disponibilidad, etc.
- **Sistemas S&OP** (Sales & Operations Planning) y **CPFR** (Collaborative Planning Forecasting and Replenishment). Estos sistemas facilitan los pro-

nósticos de demanda basados en información real del cliente, además de la visibilidad de la información de demanda a lo largo de toda la cadena:

— **S&OP** vincula las áreas de ventas y operaciones en la empresa.

— **CPFR** integra a todos los actores de la cadena, comparte la información y realiza el proceso de planificación entre todos los que participan en la cadena desde el primer proveedor hasta el cliente final.

- **Sistemas TMS** (Transport Management System). La globalización, en muchos casos, supone el uso de distintos medios de transporte en un mismo envío (multimodalidad). Estos sistemas nos facilitan la gestión de la flota de transporte, independientemente del medio utilizado.
- **Sistemas SGA** (Sistema de Gestión de Almacén). Nos permiten tanto el diseño como la gestión del almacén, los movimientos dentro del mismo, la selección de la ubicación de la mercancía y el control del inventario.
- **Sistemas CRM** (Customer Relationship Management). Nos permite administrar la relación con los clientes. Responde a la necesidad de la gestión del modelo de negocio, centrada en la satisfacción del cliente. Facilita tanto la interacción con el cliente como la gestión de la política de marketing de la empresa.

BIG DATA y logística 4.0

Big Data es un término que describe el conjunto de datos cuyo volumen, variedad y velocidad de crecimiento dificultan su captura, gestión, procesamiento o análisis mediante herramientas tecnológicas convencionales dentro del tiempo necesario para que sean útiles. El Big Data dota de procedimientos para encontrar patrones repetitivos dentro de estos datos, para convertirlos en información que facilite la toma de decisiones.

El sector logístico también demanda la constante recogida de datos para realizar una gestión más eficaz de los procesos, centrándose en los siguientes apartados:

- Diseño de rutas, mediante la obtención y tratamiento de datos en tiempo real del estado de las carreteras, del tráfico y de las condiciones climatológicas.
- Optimización de recursos, proporcionando datos de los movimientos que realizan los usuarios en la web de las empresas (y aplicando en ellos métricas como Net Promoter Score) que permiten basar las previsiones de la demanda (y consiguientemente la previsión de recursos logísticos necesarios

para esas mercancías) en comportamientos reales y no en históricos de datos anteriores.

- Además, permite ajustar la oferta de un producto a cada segmento de cliente y segmentar y ajustar así la cadena logística a cada segmento de cliente.
- Generación de indicadores de desempeño (KPI's) con información más precisa y actualizada.
- Control de los activos de la empresa: vehículos (patrones de conducción, geolocalización), inventarios (niveles y trazabilidad), etc.

En definitiva, la irrupción de la industria 4.0, conocida como la cuarta revolución industrial consistente en la introducción de las tecnologías digitales en la industria, obliga a adoptar modelos logísticos inteligentes (conocido como Logística 4.0)

Según el Ministerio de Industria español, en su informe "La Transformación Digital de la Industria Española: "aunque la optimización de las cadenas logísticas siempre ha sido un requerimiento para la industria, la novedad está en incorporar la nueva tecnología digital a los procesos logísticos, generando modelos logísticos inteligentes y conectados con otras aplicaciones de negocio.

Varios factores hacen de ésta un factor clave:

- La personalización y los canales digitales obligan a una mayor flexibilidad en rutas.
- El acceso a la información supone una alta competitividad en costes.
- El fraccionamiento de la cadena de valor hace necesaria una perfecta coordinación en tiempos.

Un ejemplo que sirve de modelo para muchas empresas es el del grupo Inditex. Sus llamados armarios logísticos son capaces de abastecer en un plazo máximo de 2 días las más de 6.700 tiendas del grupo, en cualquiera de los 88 mercados en los que está presente en todo el mundo. Para ello se sirve de un complejo modelo mediante el que las peticiones particularizadas de cada tienda, que se procesan y ejecutan en los centros logísticos, son servidas en un plazo máximo de 24-48 horas."

Resumen

CADENA DE SUMINISTRO: conjunto de actividades de planificación, abastecimiento, producción y logística, que permiten gestionar todos los flujos tanto de materiales como de información desde el primer proveedor hasta el consumidor final e integrando a todos los actores que forman parte tanto interna (departamentos de la empresa) como externamente (proveedores) en estas actividades.

LOGÍSTICA: planifica, implementa y controla todos aquellos flujos de materiales e información desde los proveedores hasta el cliente.

La cadena de suministro se extiende desde el cliente de tu cliente hasta el proveedor de tu proveedor.

Actores de la cadena de suministro:

- Proveedor.
- Empresa.
- Cliente.
- Empresa de Transportes.
- Almacenes en tránsito.
- Central de compras y distribución.

Flujo de Información. Características:

- En tiempo real.
- Fiable.
- Fácil de interpretar.
- Fácil de manejar.

Flujo de materiales. Características:

- Seguro.
- Eficaz.
- Con calidad.
- Suponga un incremento en la productividad.

- Optimice la utilización del espacio.
- Optimice la utilización del equipo.
- Reduzca el tiempo del proceso.
- Reduzca las distancias recorridas.
- Otorgue facilidad de supervisión.

Ventajas de la integración logística:

- Hacer prioritarias las necesidades de los clientes.
- Flexibilizar la organización para hacer frente a un mercado en continuo cambio.
- Reaccionar rápidamente ante cambios de escenario.
- Eliminar stocks innecesarios, logrando que la demanda de los clientes tire del proceso productivo.

LEAD-TIME: tiempo que transcurre desde que el cliente genera una orden de pedido hasta que los productos se entregan al mismo.

CADENA DE VALOR AÑADIDO: conjunto de acciones y actividades que desarrolla la empresa, por las cuales el cliente está dispuesto a abonar un precio.

Aquellas actividades de la empresa percibidas por el cliente y por las cuales está dispuesto a pagar:

- Procesos clave.
- Procesos de apoyo.

SERVICIO AL CLIENTE: proporcionar el mejor servicio (que es por lo que nos van a pagar) al menor coste posible:

- Fiabilidad en las entregas.
- Plazos (lead-time) reducidos.
- Disponibilidad de producto adecuada (gestión de stocks).
- Adecuada red de distribución para lograr los objetivos anteriores.
- Flujo de información adecuado que garantice la fiabilidad.

Factores y puntos críticos en el proceso logístico desde el punto de vista de la calidad:

- Lead-time a consumidor final.
- Fiabilidad de las entregas.

- Gestión de devoluciones.
- Gestión de stock.
- Gestión de la información.

Medición de la no-calidad logística:

- Detectar aquellos puntos en los que el cliente NO está satisfecho e implementar las medidas correctivas necesarias.
- Enfoque del incidente crítico.
- Escoger método de recogida de información.
- Definir objetivos.
- Definir población objeto de estudio (segmentación de clientes).
- Definir periodicidad de la medición.
- Diseñar cuestionario.

Subsistemas o procesos de la cadena logística:

- Aprovisionamiento.
- Inventario.
- Almacenaje.
- Distribución.

TRAZABILIDAD: información del recorrido de un producto a lo largo de toda la cadena de suministro.

Tecnología e informática de apoyo. Información al cliente:

- Sistemas Integrados de Gestión (ERP, Enterprise Resource Planning).
- Tecnología RFID (identificación por radiofrecuencia).
- Sistemas S&OP (Sales & Operations Planning) y CPFR (Collaborative Planning Forecasting and Replenishment).
- Sistemas TMS (Transport Management System).
- Sistemas SGA (Sistema de Gestión de Almacén).
- Sistemas CRM (Customer Relationship Management).
- Big Data. Conjunto de datos cuyo volumen, variedad y velocidad de crecimiento dificultan su captura, gestión, procesamiento o análisis mediante herramientas tecnológicas convencionales dentro del tiempo necesario para que sean útiles.

Andersen Consulting ha propuesto una lista de 7 principios para la gestión de la cadena de suministros, basados en la experiencia de las iniciativas de mejora de la cadena de suministros en más de 100 empresas industriales, distribuidoras y detallistas:

- **Principio nº** 1: segmente a sus clientes basándose en las necesidades de servicio de los diferentes grupos y adapte la cadena de suministros para servir a estos mercados rentablemente.
- **Principio nº** 2: adecúe la red de logística a los requerimientos de servicio y a la rentabilidad de los segmentos de clientes.
- **Principio nº** 3: esté atento a las señales del mercado y alinee la planificación de la demanda en consecuencia con toda la cadena de suministro, asegurando pronósticos consistentes y la asignación óptima de los recursos.
- **Principio nº** 4: busque diferenciar el producto lo más cerca posible del cliente.
- **Principio nº** 5: maneje estratégicamente las fuentes de suministro.
- **Principio nº** 6: desarrolle una estrategia tecnológica para toda la cadena de suministros.
- **Principio nº** 7: adopte mediciones del desempeño para todos los canales.

Autoevaluación

1.1. La logística es:

a) La parte de la cadena de suministro que implementa y controla todos aquellos flujos de materiales e información desde los proveedores hasta el cliente.

b) La parte de la cadena de suministro que se ocupa de las operaciones de almacenaje y transporte de las mercancías exclusivamente.

c) La parte de la cadena de suministro encargada del control del flujo de materiales y de información únicamente en el proceso productivo.

d) La parte de la cadena de suministro encargada del flujo de materiales del proveedor de nuestros proveedores hasta el cliente de nuestros clientes.

1.2. El flujo de materiales ha de optimizar:

a) La utilización de algunos recursos de la empresa.

b) La utilización del espacio, de los equipos, de las distancias recorridas y el tiempo de proceso.

c) La utilización segura de la información.

d) No ha de optimizar, simplemente controlar.

1.3. Los subsistemas o procesos de los que se ocupa la logística son:

a) Producción y distribución.

b) Compras, producción y ventas.

c) Aprovisionamiento, inventarios, almacenaje y distribución.

d) Aprovisionamiento, producción, almacenaje y distribución.

1.4. Los factores y puntos críticos en el proceso logístico son:

a) Lead-time a consumidor final.

b) Gestión de devoluciones, stock e información.

c) Gestión de la producción.

d) Solo la a) y b) son correctas.

Actividades prácticas

Analicemos la trayectoria de la empresa española MERCADONA como caso de éxito de la gestión de la cadena de suministro. El éxito de Mercadona se debe a la implantación del modelo de Gestión de Calidad Total, orientado a la satisfacción no solo de sus clientes, sino de todos los agentes que intervienen en su cadena de suministro.

Resuelve las siguientes cuestiones a través de la lectura del estudio que encontraremos en el enlace: https://www.upf.edu/documents/2963149/3508563/51es.pdf

"Mercadona: adaptando el modelo de negocio en años de recesión. Oriol Amat, UPF Josep Francesc Valls, ESADE".

1.1. ¿Cuál es la estrategia de Mercadona desde el año 1993? ¿Y el objetivo de esa estrategia?

1.2. ¿En qué se diferencia de la estrategia de sus competidores en ese momento? ¿Puedes poner algún ejemplo de competidor, que a día de hoy siga usando esa estrategia?

1.3. ¿Qué es lo primero que hace Mercadona para implantar su estrategia?

1.4. ¿Cuáles son los requisitos que deben cumplir sus proveedores?

1.5. ¿Qué medidas ha adoptado para cumplir su objetivo en tiempos de crisis?

1.6. ¿Es en tu opinión Mercadona un caso ejemplar de gestión de la cadena de suministro? ¿Por qué?

2. Logística inversa

Introducción

Hasta ahora, hemos visto que la logística se ocupa de gestionar los flujos de materiales desde primer proveedor hasta último cliente. Pero, ¿qué ocurre cuando surge la corriente inversa, el flujo de material con origen en el cliente, fruto de las devoluciones, de la creciente concienciación y legislación sobre residuos, etc.?

Este flujo inverso ha cobrado más y más importancia a lo largo de los años, tanto como para constituir un arma competitiva importante para las empresas, que ha dado lugar a la denominada logística inversa.

Veremos que existen diferentes flujos inversos dependiendo del motivo que origina los mismos: devoluciones, gestión de residuos, reparaciones, productos defectuosos, envases y embalajes reutilizables, actualización de productos, etc.

Es lógico pensar que la logística inversa es un factor decisivo en la satisfacción del cliente. Aunque el cliente haya recibido el producto o servicio que quiere en el plazo adecuado, si no percibe cubiertas sus necesidades en caso de que surjan alguna de las circunstancias citadas en el párrafo anterior, será un cliente insatisfecho (y posiblemente no volverá a comprarnos).

Es importante reseñar que además del flujo inverso de materiales que se genera, aparece un nuevo flujo de información inversa que también hay que gestionar.

Su importancia radica en que este supone una fuente clave de información cliente-productor ya que por ejemplo, los datos de las reparaciones realizadas pueden resultar de gran utilidad para detectar fallos y mejorar los productos, los datos de las devoluciones y sus motivos pueden ayudarnos a detectar aquellos componentes y/o productos que no aportan valor, y un largo etcétera.

Así, podemos definir la logística inversa (según el Reverse Logistics Executive Council) como "el proceso por el que los bienes son trasladados desde su típico destino final hasta otro punto, con el objeto de obtener valor que, de otro modo, se perdería, o para proceder a su adecuada eliminación".

Recoge todos los procesos de planificación, implementación y control del flujo de materias primas, inventario en curso, productos terminados y la información relacionada con ellos, desde el punto de consumo hacia el punto de origen, con el propósito de recapturarlos para crearles valor o desecharlos.

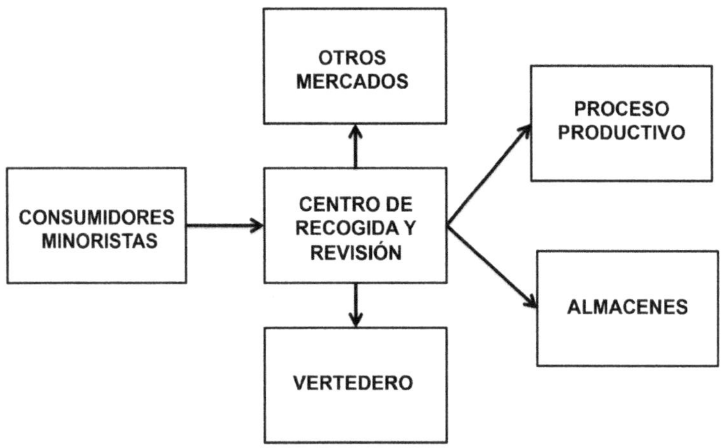

Figura 2.1. Esquema de flujo de logística inversa.

Contenido

2.1. Devoluciones y logística inversa

Una de las fuentes de la logística inversa es la necesidad de gestionar el flujo de devolución de productos, ya sea por:

- Error de suministro (la expedición no coincide con la orden de pedido).
- El cliente no está satisfecho con el producto (las expectativas no coinciden con la percepción final del producto y lo devuelve).
- El producto está defectuoso.
- La imposibilidad de entrega (comercio electrónico).
- Caducidad/obsolescencia del producto.

En estos casos, la logística inversa ha de gestionar en un primer lugar los procesos de recogida y transporte de retorno, para posteriormente decidir acerca de su tratamiento y destino final:

- Dónde los llevamos.
- Qué hacer con ellos.
- Recuperarlos o desecharlos.
- Repararlos y reposicionarlos en el almacén o reenviárselos nuevamente al cliente.
- Buscar mercados alternativos.
- Recuperar componentes reutilizables como materias primas y desechar los que no.

Dependiendo de la naturaleza de la devolución, optaremos por uno u otro destino en función del valor que aporte dicho tratamiento y del impacto del mismo en la cuenta de resultados.

2.1.1. Medio ambiente y logística inversa

Otra de las fuentes de la logística inversa es la necesidad, tanto por legislación como por responsabilidad social con el medio ambiente, de la gestión de los residuos generados por la actividad comercial.

Cuando el producto (o sus partes y componentes) no puede ser reacondicionado de ningún modo por restricciones medioambientales o inviabilidad técnico-económica, la opción es el reciclaje de los materiales o su definitivo traslado a vertedero.

2.1.2. Alternativas posibles en la recuperación de productos

Sabemos que el fin último de la logística inversa es procurar aportar (al cliente) y recuperar (para la empresa) el máximo valor posible. Así, vamos a ver qué alternativas tenemos en la recuperación de productos:

- Comercialización de los productos recuperados y reacondicionados, a los que se le ha devuelto su funcionalidad, a través de canales apropiados o en mercados secundarios.
- Reutilización y/o reciclaje de componentes. Otras formas de recuperación del valor de un producto, como la reutilización y el reciclaje, no pretenden devolver o renovar la funcionalidad de los productos, sino que se enfocan al uso de sus componentes por separado en el mismo u otros procesos productivos.

  La reutilización supone el desensamble selectivo de productos con componentes o materiales potencialmente re-usables en la fabricación o reparación de la misma línea de productos.

  El reciclaje supone la recuperación de los materiales y su transformación mediante procesos fisicoquímicos o mecánicos para su uso en otros procesos productivos (por ejemplo, la recuperación de metales preciosos de ordenadores y teléfonos móviles para utilizarlos en otros procesos productivos).

¿Qué alternativa utilizar? Depende de varios factores:

- Costes de la alternativa, considerando los de logística (transporte, manipulación, almacenaje y redistribución), y de producción (mano de obra y uso de equipo para la reparación y recuperación de componentes de los productos retornados).
- Beneficio esperado. Además de calcular el beneficio obtenido en la operación, hay que considerar las ganancias derivadas de la exención de impuestos y de no pagar multas o cuotas por cumplir con las regulaciones ambientales, así como de proyectar una imagen «verde».
- Condiciones del mercado. El desarrollo y tamaño de los mercados para productos renovados, re manufacturados y para los materiales reciclados.
- Conciencia ecológica. Este tipo de conciencia de los consumidores determina su intención para reparar y retornar los productos obsoletos o no funcionales, así como para adquirir productos remanufacturados.
- Capacidad de la empresa para realizar actividades de logística inversa.

- Regulaciones ambientales. Por ejemplo, en la Unión Europea la recuperación de los productos electrónicos y electrodomésticos es legalmente responsabilidad del fabricante.

2.1.3. Modificación de los patrones logísticos tradicionales

Según las fuentes anteriormente referidas que originan los flujos inversos (producto defectuoso, retorno de exceso de inventario, devoluciones, producto obsoleto, inventarios, reciclaje), vamos a analizar las principales diferencias entre logística tradicional y logística inversa:

- **Localización y diseño de la red.** El sistema de logística inversa es un "push", al contrario del "pull" referido en la logística tradicional. Es la demanda quien "tira" de los procesos productivos y el sistema logístico en el abastecimiento, adaptándose a la necesidad de servir al cliente. Sin embargo en la logística inversa es la necesidad de recoger los productos anteriormente referidos la que "empuja" el sistema, existiendo un mayor grado de incertidumbre en la cantidad y momento de generación del flujo.
- **Predicción.** Es muy difícil estimar la cantidad, localización, motivo y calidad de los productos retornados. En logística tradicional, el motivo es la venta, la localización la define la segmentación de mercado y la calidad nuestro proceso productivo. En logística inversa el grado de incertidumbre con el que trabajamos es mucho mayor.
- **Control de inventarios.** La falta de información acerca del número de productos que vamos a recibir y la dificultad en la identificación de los productos (por ejemplo por etiquetas ya en mal estado) retornados supone una dificultad añadida en el control del inventario de estos productos.
- **Reutilización de componentes como materias primas.** Las dificultades de predicción de cantidad de los productos añaden incertidumbre en la planificación del abastecimiento, al desconocer qué cantidad de componentes recibiremos y podremos reutilizar.
- **Condiciones del producto recuperado.** Hasta que no se reciben los productos retornados y se comprueba la calidad de los mismos, no se puede decidir su destino final.
- **Actividades no contempladas en logística tradicional**, como el desensamblaje de los productos.

En la siguiente tabla, vemos un resumen de las principales diferencias entre la logística directa e inversa (adaptación de Rogers and Tibben-Lembke. 1998. Going Backwards: Reverse Logistics Trends and Practices).

LOGÍSTICA DIRECTA	⟺	LOGÍSTICA INVERSA
PLANIFICACIÓN.	↔	INCERTIDUMBRE.
UNIFICACIÓN DE PRODUCTOS PARA TRANSPORTE.	↔	VARIEDAD DE PRODUCTOS PARA TRANSPORTE.
CALIDAD DE PRODUCTO UNIFORME.	↔	CALIDAD DE PRODUCTO NO UNIFORME.
EMBALAJE UNIFORME.	↔	EMBALAJE NO UNIFORME.
CANAL ESTANDARIZADO.	↔	CANAL NO ESTANDARIZADO.
COSTES DE DISTRIBUCIÓN DIRECTA MONITORIZABLES Y CONTROLABLES.	↔	COSTES DEL FLUJO INVERSO CON MÁS DIFICULTAD PARA MONITORIZAR.
GESTIÓN DE INVENTARIO CONSISTENTE.	↔	GESTIÓN DE INVENTARIO NO CONSISTENTE.
ESTRATEGIAS DE MARKETING CONOCIDAS (PRODUCTO, PRECIO, DISTRIBUCIÓN, PROMOCIÓN).		ESTRATEGIAS DE MARKETING COMPLICADAS POR LA NATURALEZA DE LOS RETORNOS Y SU CALIDAD (IMPLICA TOMA CONSTANTE DE DECISIONES).

Figura 2.2. Diferencias entre Logística Directa y Logística Inversa.

2.2. Posibles límites a la logística inversa

Básicamente, para la constitución de un sistema de logística inversa las mayores barreras que nos encontraremos son tres:

1. La existencia de muchos orígenes (consumidores) y pocos destinos (recuperadores) en la red de distribución. Esto dificulta la planificación y optimización del sistema de recogida.
2. Un conjunto de intermediarios muy numeroso y con nuevas funciones, sobre todo en las actividades de reciclaje medioambiental, reguladas por la legislación vigente en la materia, que en el caso de España son resultado de trasposiciones de:
   - Directiva de Residuos de Aparatos Eléctricos y Electrónicos, 2002/96/CE.
   - Directiva 2008/98/CE del Parlamento Europeo y del Consejo, de 19 de noviembre de 2008, sobre los residuos y por la que se derogan determinadas directivas (esta directiva deroga las directivas 75/439/CEE, 91/689/CEE, y 2006/12/CE).
3. La importancia que tienen las actividades de clasificación de los bienes recuperados y su viabilidad económica. Esto supone la toma de decisiones estratégicas para la organización: ¿realizarlas internamente, o subcon-

tratar el servicio?, ¿la empresa tiene capacidad para asumir estas nuevas operaciones?, ¿son rentables, o es mejor aprovechar las economías de escala que nos ofrecen los operadores especializados en logística inversa?

2.2.1. Diseño para el reciclaje

Mejorar el diseño de los productos de manera que se facilite su desmontaje, permita identificar más fácilmente los componentes susceptibles de recuperación y reduzca el porcentaje de elementos no recuperables, facilita la operativa de logística inversa y reduce sus costes drásticamente.

2.2.2. Logística inversa del envase y el embalaje

Actualmente, "cerca del 30 % de los residuos urbanos son envases, y constituyen una fuente importante de consumo de materias primas y energía, lo que hace que su eliminación tenga graves consecuencias para el medioambiente" (fuente: Primer Congreso de Logística y Gestión de la Cadena de Suministro. Zaragoza, 12 y 13 de septiembre de 2007). Este dato es significativo para ponderar la importancia que en logística inversa adquiere el tratamiento de los envases y los embalajes.

Además, por su fuerte impacto, la Unión Europea ha desarrollado todo un marco normativo alrededor del reciclado de envases y embalajes (que desarrollaremos más adelante) y que supone además una oportunidad de negocio para empresas especializadas en el tratamiento de los mismos.

Como ejemplo, citar el caso de una empresa de logística de Parets del Vallès (Barcelona), dedicada a servicios logísticos especializados de marketing a multinacionales, que ha lanzado un nuevo servicio de logística inversa de envases y embalajes. Se trata de una innovación en el sector, justo cuando en España se empieza a impulsar el reciclaje de envases.

Es un servicio que puede mejorar la logística de las pequeñas y medianas empresas que no tienen la capacidad económica para disponer de una planta de lavado y reutilización de envases propia.

Esta empresa ha hecho una inversión de 400.000 euros en una planta de lavado de 12.000 m^2. A largo plazo se reducirán los costes de compra de nuevos envases, además de mejorar la política medioambiental de sus clientes y cumplir con las normativas legales vigentes.

Con una planta que dispone de espacios interdependientes para tratar envases de plástico, metal y madera, alcanzan una capacidad de lavado de 1.200

cajas de plástico y 200 palets por hora. Así pueden ofrecer un servicio de puerta a puerta al cliente.

Se trata de una novedosa línea de negocio en logística que significa el 20 % de la facturación total de la compañía y se prevé que en unos tres años constituya el 40 %".

(Fuente: La Vanguardia emprendedores. 2013).

2.2.3. Pools de paletas y KLT

Según las RAL (Recomendaciones del Área Logística, respecto a los principios generales de funcionamiento de los pools de paletas) de la AECOC (Asociación Española de Codificación Comercial):

«Los Pools de paletas son organizaciones de servicios por las cuales las partes intervinientes en un determinado tráfico de productos -Empresas de servicios Pools, Proveedores, Empresas de Almacenaje y Transporte, y Distribuidores- acuerdan la adopción de un sistema de Pool de paletas abierto, con los objetivos de:

a) Optimizar el flujo de productos.

b) Minimizar los costes derivados de los procesos de almacenaje, manipulación y transporte de las unidades de cargas.

c) Continuar la adecuación a los cambios del sector para mantener en todo momento el carácter de utilidad y el precio competitivo de la paleta de Pool.

d) Obtener mecanismos de eficiencia en la gestión, manipulación, transporte, recogida, y entrega de paletas vacías por parte de los intervinientes en el sistema Pool».

En definitiva, el pool de paletas es un servicio de logística inversa, que prestan empresas especializadas y que consiste en proporcionar a sus clientes el conjunto de palets que necesitan en cada momento, así como un servicio de mantenimiento y reparación de los mismos. Supone la externalización del servicio de recuperación de embalajes (palets) para su reutilización.

Importante destacar en este punto, que la propiedad de las paletas es siempre de la empresa pool. Optimiza así la gestión de inventario de sus clientes y ofrece una solución para no apalancar recursos (no necesaria inversión) en estas existencias, lo que mejora la cuenta de resultados de los mismos.

La AECOC justifica la existencia de los pools de paletas con el aprovechamiento de economías de escala en la recuperación y reutilización de estos embalajes, utilizados universalmente en la cadena logística, además de abogar por su estandarización (medidas).

"El efecto de la atomización de tipos de paletas empleadas en la cadena de suministro, provenientes de empresas Proveedoras, Empresas de Almacenaje y Transporte y Distribuidores con parques propios de paletas, conlleva soluciones particulares de usuarios, que no aportan los beneficios de la economía de escala derivados del uso de paletas estándares y la gestión organizada para el clasificado, limpieza y reparación de las paletas en la cadena de suministro. Por ello, desde AECOC se promueven los Sistemas de Pools de paletas estándares que cumplen con los requerimientos de los usuarios y permiten obtener las eficiencias de funcionamiento en la cadena de suministro, sin que ello contradiga la eficiencia en la utilización de paletas de parques particulares, empleados en los entornos exclusivos de usuarios individuales".

Asimismo, este sistema de pool se puede expandir a todos aquellos embalajes estandarizados y universalmente utilizados en la cadena logística, como los contenedores y los KLT.

Los KLT son cajas normalizadas (medidas estándar, múltiplos o submúltiplos de un módulo patrón de 600 x 400 milímetros) que pueden usarse de embalaje de uso repetido, es decir, son susceptibles de reutilización (además de reciclables).

Veamos a continuación, según la AECOC en sus RAL sobre Pool de paletas, cómo se organiza el flujo de esta logística inversa:

ESTRUCTURA BÁSICA I DE ORGANIZACIÓN

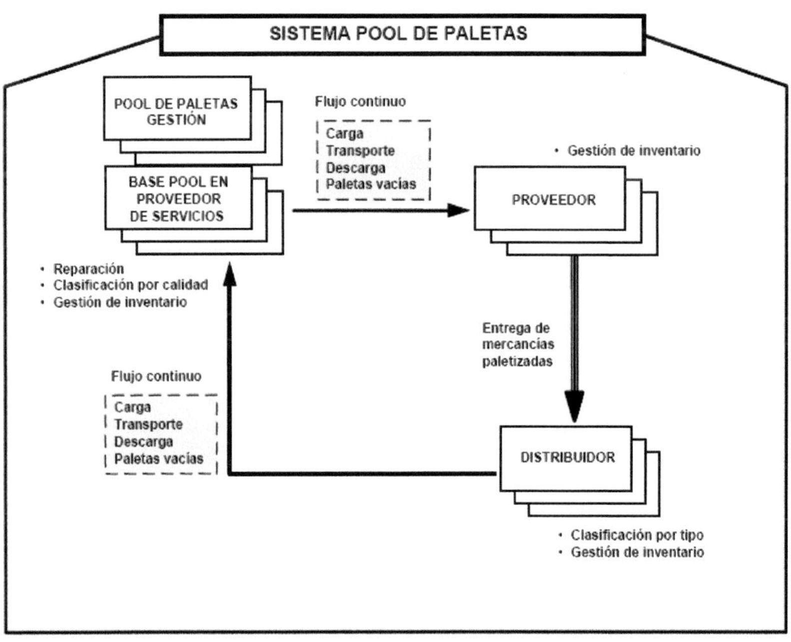

Figura 2.3. Estructura y flujos básicos de un pool de palets (AECOC).

2.2.4. Las 3 R: reutilización, reciclaje, reducción

Durante la Cumbre del G8 en junio de 2004, el Primer Ministro del Japón, Koizumi Junichiro, presentó la iniciativa "3 R", que busca construir una sociedad orientada hacia el reciclaje.

Una vez que el sistema ha recuperado todos aquellos productos procedentes de los consumidores (productos fuera de uso), además de subproductos y residuos generados, fruto de las diversas fuentes de recuperación que hemos visto, o para minimizar el impacto y la cantidad de los mismos, podemos:

- **Reducir**: supone la utilización en los procesos productivos, por parte de las empresas, de menos materias primas, la simplificación de componentes y su adecuación a ser reciclados en un futuro. Su objetivo es minimizar la generación de residuos.
- **Reciclar**: supone la recuperación de un material usado y su incorporación a un proceso de transformación para que se pueda volver a utilizar. Quienes efectúan el reciclaje se convierten en proveedores secundarios de materias primas (algunas de estas materias entran al sistema de producción y otras se eliminan).
- **Reutilizar**: supone la utilización de productos o alguna de sus partes, una vez que han sido reparados, en funciones que desempeñaba anteriormente o con otros fines. Aquí aparecen los proveedores de suministros secundarios y los proveedores de productos de segunda mano. Respecto a la reutilización de partes, unas volverán al sistema productivo y otras, por sus características, se eliminarán.

2.3. Causas de la aparición de la logística inversa

Básicamente, podemos considerar cuatro causas o motivos para la aparición de la logística inversa:

- **Motivo orientación a cliente.** La mayor complejidad de los productos, el mayor conocimiento por parte del consumidor de sus derechos de garantía, el incremento del grado de exigencia de los consumidores o el uso inadecuado de los productos, son causas del aumento de devoluciones y de la necesidad de incrementar el servicio post-venta.
- **Motivos económicos.** La recuperación de valor y la reducción de costes derivada de la reutilización, reciclaje o venta en mercados secundarios de productos y componentes usados, constituye un motivo de peso para muchas empresas, así como la fuente que supone la logística inversa de nuevas oportunidades de negocio.

- **Motivos medioambientales.** La mayor y creciente preocupación de los consumidores y de las instituciones por el medio ambiente hace que las empresas busquen implantar buenas prácticas medioambientales, por medio de sistemas de reciclaje ligados a canales de distribución inversa, contribuyendo así a la mejora del mismo.
- **Motivos legislativos.** La creciente presión legislativa de los distintos países en materia medioambiental es motivo de que las empresas se vean en la necesidad de configurar o subcontratar procesos de logística inversa para el reciclaje, recuperación y reutilización de sus productos (así como de los envases y embalajes) y residuos.

2.3.1. El ciclo de vida de los productos, la obsolescencia y la logística inversa

Existe un factor clave que influye directamente en el diseño de las redes de logística inversa, por la incidencia en los volúmenes y consiguientemente en sus costes, que es el ciclo de vida del producto. Y más concretamente, el **acortamiento** del mismo que se viene observando en los mercados en las últimas décadas.

El fenómeno de la globalización ha contribuido en gran medida a este acortamiento; los consumidores acceden a todo tipo de productos sustitutivos en todo el mundo, con lo que el nivel de competencia y de maduración de los mercados ha aumentado significativamente.

Los avances en innovación también tienen su gran peso específico en este factor, sobre todo en la industria tecnológica. La velocidad de desarrollo de nuevos productos es tal que los productos alcanzan su grado de obsolescencia cada vez más rápido.

El sistema de logística inversa se ve obligado así a asumir mayores volúmenes de productos no vendidos, mayor número de devoluciones, mayor cantidad de productos, envases y embalajes, y materiales a reciclar y/o reutilizar y mayores volúmenes de residuos.

2.3.2. La logística inversa como fuente de negocio

Es más que patente el nicho de negocio que supone la gestión de la logística inversa en sus diferentes vertientes.

Según Domingo Cabeza, profesor de la Fundación Icil (Salón Logistics 2012): "La logística inversa aprovecha básicamente las actividades de recogida, reutilización, desmontaje, re-manufactura de productos usados y sus componentes con el objetivo de maximizar el aprovechamiento de su valor, en el sentido amplio, y de su sostenibilidad antes de su destrucción", es decir, obtener una "maximización del valor, alargando el ciclo de vida de los productos y convirtiendo lo que antes eran gastos en ingresos".

Podemos resumir en dos las fuentes de generación de negocio de la logística inversa:

- Disminución y/o eliminación de costes, mediante la estrategia de las "3 R" (reducción de materias susceptibles de eliminación, reciclaje de materiales y componentes, reutilización de materiales); y de costes ocultos (costes de devoluciones, stock y manipulación de productos obsoletos, etc.).
- Generación de nuevas ventas en mercados alternativos (mercados de segunda mano, mercados de productos obsoletos, mercados de productos reparados, mercados de materias primas recicladas, etc.).

2.3.3. Puntos críticos en la logística inversa

Veamos los puntos más críticos para implementar un sistema de logística inversa:

- Es necesaria la realización de estudios previos para el establecimiento de las políticas a seguir en el diseño del sistema.
- Hay que considerar que no solo incluye la manipulación del producto, abarca muchos más procesos.
- Todos los departamentos de la empresa estarán relacionados con las actividades que se pretendan implementar de logística inversa y hay que definir adecuadamente esas interrelaciones.
- Las entradas de material al sistema son impredecibles, además de que las devoluciones en pequeñas cantidades provenientes de un gran número de clientes incrementan la complejidad y los costes del sistema.
- El sistema de logística inversa incluye procesos inexistentes en logística directa.
- Cada producto requiere de un proceso de inspección individual, y minucioso, para determinar su fin: reutilizar, reciclar o eliminar.
- Una vez analizados todos estos factores, se debe decidir si es viable que la empresa realice las distintas actividades de logística inversa con sus

propios recursos y desarrollar así su propio sistema, o bien externalizará el sistema utilizando los servicios de un operador especializado.

2.3.4. Ventajas de incorporar los procesos de logística inversa en la logística directa

Una cadena de suministro tradicional tiene como objetivos generar valor, satisfacer al cliente y optimizar costes. Las actividades de Logística Inversa pueden reforzar estos objetivos ayudando a mejorar la competitividad de la empresa, el nivel de servicio al cliente y reducir los costes de producción, así como proporcionar una imagen verde que se traduce en un incremento de la demanda por parte de clientes implicados en la preservación del medio ambiente y cumplir la legislación al respecto.

Integrando los dos flujos, conseguiremos "cerrar el ciclo", conseguir una **cadena de suministro de ciclo cerrado,** donde la empresa esté totalmente involucrada en todos los procesos que atañen a sus productos y materiales, tanto en sentido directo como inverso.

Es posible distinguir entre dos diseños diferentes:

- La cadena de ciclo cerrado secuencial, en la cual el flujo inverso es independiente del flujo directo.
- La cadena integrada, en la cual las rutas en el flujo inverso son las mismas que en el directo, así como el modelo de transporte con el objeto de optimizar los costes de transporte y almacenaje.

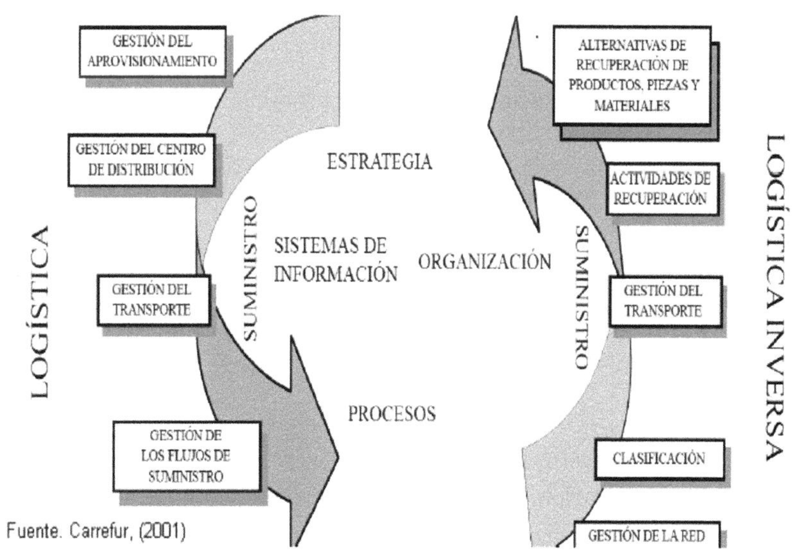

Figura 2.4. Integración de ambas logísticas.

> La logística inversa se centra en aquellos flujos donde hay valor que recuperar y que estos materiales y/o productos vuelvan a entrar en una nueva cadena de suministro (VedpalyJain, 2011).

2.4. Política de devolución de productos

Hemos visto que uno de los puntos críticos de la logística inversa es la incertidumbre de las devoluciones, por desconocimiento de cantidad, momento, y además por la dispersión de los puntos de origen de las mismas. Son, en gran parte, impredecibles. De ahí la importancia de intentar establecer políticas de devolución de productos para intentar estandarizar este proceso.

En general, los motivos de las devoluciones son:

- Productos defectuosos, debidos a defectos en fabricación o desperfectos sufridos durante el proceso de almacenaje y distribución.
- Errores de compra, errores de tallas, especificaciones, etc.
- Motivos contractuales, normalmente generados por satisfacer al cliente (y sus expectativas, "si no queda satisfecho...").
- Ajustes de inventario, por insuficiencia de la demanda, obsolescencia de los productos, rotación de existencias, etc.

La logística de las devoluciones presenta un carácter de "no deseada" debido a que se pierde la venta de ese producto. Obviamente, ninguna empresa quiere que se le devuelvan los productos objeto de una venta.

¿Qué hacer con los productos devueltos?. Existen varias opciones:

- **Eliminación.** Consiste en deshacerse del producto a través del vertido directo o la eliminación.
- **Donación.** Las empresas se benefician de las deducciones fiscales existentes por este concepto.
- **Reutilización en otros mercados.** Es la opción más ventajosa, ya que supone la venta definitiva del producto. Puede ser necesaria en este caso una operación previa de reparación, e incluso de re fabricación.

Estudios sobre Logística Inversa en EE. UU. realizados por el Reverse Logistics Executive Council (www.rlec.org) señalan que "la reutilización, en sus distintas modalidades de reparación, re fabricación o reciclaje, se aplica al 70 % del total de productos devueltos, la eliminación en vertederos aún se utiliza en el 20-25 % de los casos y las donaciones suponen entre el 5 y el 10 % de las operaciones".

2.4.1. El consumo: estacionalidad, variación de la demanda, caducidad del producto, gestión de stock y su correlación con la logística inversa

Estos factores del consumo [estacionalidad, variación de la demanda, caducidad del producto, gestión del stock] son generadores de devoluciones. Veamos la influencia de cada uno de estos factores en el diseño de un sistema de logística inversa:

- **Estacionalidad.** Hay productos que son de venta meramente estacional [bronceadores en verano, estufas en invierno, moda de temporada]. Es obvio pensar que al final de la temporada o estación, recibiremos devoluciones de productos no vendidos [inventarios estacionales]. Existe en este caso certidumbre del momento en el que se producirán las devoluciones, pero incertidumbre en la cantidad de las mismas.

- **Variación de la demanda.** Efecto BullWhip. El comportamiento de la demanda es importante porque es la responsable de que el minorista tenga que realizar pedidos de forma periódica. Se intenta modelizar este comportamiento para poder hacer previsiones de producción, de dos maneras:

  — Determinista, siguiendo la tendencia en periodos largos. Es más fácil de modelar pero es poco precisa en el corto plazo.

  — De variables aleatorias. Su modelización es más compleja pero es más fiel al comportamiento real.

  Vemos así que el sistema de logística inversa estará más sujeto a variaciones de la demanda y por tanto dispuesto a absorber mayores volúmenes de devoluciones, si la empresa utiliza un sistema determinista.

  Además, otra variable a tener en cuenta es el efecto BullWhip, que explica cómo la información de la demanda [flujo de información] se distorsiona a medida que nos alejamos en la cadena del consumidor final [a mayor número de intermediarios, mayor distorsión]. Así que debemos tener en cuenta en el sistema de logística inversa en qué punto de la cadena de suministro nos encontramos.

- **Caducidad del producto.** Al igual que en el caso de la estacionalidad, en caso de devoluciones por caducidad de producto, tenemos certidumbre del momento de la devolución [gracias a la trazabilidad conocemos el momento de caducidad de nuestros productos y dónde se producirá esa caducidad], pero incertidumbre acerca de la cantidad a devolver. Esta incertidumbre estará fuertemente marcada por la variabilidad de la demanda.

- **Gestión de stock.** Variaciones en la demanda que provocan excesos de stock (cálculos en base a la demanda del periodo inmediatamente anterior), realización de inventarios, liquidación de stocks, etc., generan devoluciones que deberán ser gestionadas por el sistema de logística inversa. Existe certidumbre de la cantidad a devolver y del momento de la devolución (los inventarios suelen ser programados con antelación en distintos momentos del tiempo).

2.4.2. Acuerdos con los clientes y proveedores para devoluciones y retornos

Partimos de los dos casos extremos de política de devoluciones: devoluciones cero, que implica no admitir ninguna devolución, o flexibilidad total, que implica admitir cualquier devolución en cualquier momento del tiempo.

¿Qué quieren las empresas? Devoluciones cero. Si gestionamos bien nuestro proceso productivo, no cometemos errores en las entregas y manejamos datos reales de nuestra demanda, tenderemos hacia las devoluciones cero (o al menos, a minimizarlas).

¿Qué quieren los clientes? Flexibilidad total. Esto puede generar comportamientos de abuso por parte de los clientes, aparte de exceso de costes, sobre todo ocultos (generados por las incertidumbres).

El primero de los casos es inviable por la insatisfacción generada, y el segundo añade demasiada complejidad al sistema de logística inversa. Con lo cual, se hace imperativo establecer políticas y llegar a acuerdos con clientes y proveedores para poder gestionar adecuadamente las devoluciones, optimizando sus costes y logrando alcanzar un alto grado de satisfacción de los clientes (teniendo en cuenta que además evitaremos los «abusos» de los mismos).

2.5. Logística inversa y legislación

Veamos a continuación las principales legislaciones europeas y su trasposición a la normativa española en materia medioambiental, extrayendo los puntos de cada norma que influyen directamente en el diseño y oportunidades de los sistemas de logística inversa.

En mayo de 2018, la Unión Europea publica nuevas Directivas para intensificar el reciclaje de residuos y contribuir a la creación de una economía circular. Estas medidas deberán estar en vigor antes del 5 de julio de 2020.

Las nuevas normas establecen medidas para el reciclaje de residuos municipales en un 55% antes de 2025, un 60% antes de 2030 y un 65% antes de 2035, y la reducción del depósito de los vertidos en vertederos.

2.5.1. Envases y residuos

DIRECTIVA 2008/98/CE del Parlamento Europeo y del Consejo, de 19 de noviembre de 2008, sobre los residuos y por la que se derogan determinadas Directivas integrándolas en una única norma, "Directiva marco de residuos".

En un contexto europeo en el que la producción de residuos se encuentra en continuo aumento y en el que la actividad económica vinculada a los residuos alcanza cada vez mayor importancia, tanto por su envergadura como por su repercusión directa en la sostenibilidad del modelo económico europeo, el Sexto Programa de Acción Comunitario en Materia de Medio Ambiente exhortaba a la revisión de la legislación sobre residuos, a la distinción clara entre residuos y no residuos, y al desarrollo de medidas relativas a la prevención y gestión de residuos, incluido el establecimiento de objetivos.

Esta nueva Directiva establece el marco jurídico de la Unión Europea para la gestión de los residuos, proporciona los instrumentos que permiten disociar la relación existente entre crecimiento económico y producción de residuos, haciendo especial hincapié en la prevención, entendida como el conjunto de medidas adoptadas antes de que un producto se convierta en residuo, para reducir tanto la cantidad y contenido en sustancias peligrosas como los impactos adversos sobre la salud humana y el medio ambiente de los residuos generados. Así incorpora el principio de jerarquía en la producción y gestión de residuos que ha de centrarse en la prevención, la preparación para la reutilización, el reciclaje u otras formas de valorización, incluida la valorización energética y aspira a transformar la Unión Europea en una "sociedad del reciclado" y contribuir a la lucha contra el cambio climático.

DIRECTIVA UE 2018/851 Ldel Parlamento Europeo y del Consejo de 30 de mayo de 2018 por la que se modifica la Directiva 2008/98/CE sobre los residuos, incluye:

- Definiciones más claras de los conceptos clave de la gestión de residuos
- Se establecen nuevos objetivos en UE para la reducción y reciclado de residuos municipales para 2025, 2030 y 2035.
- Se aplicarán métodos más estrictos para medir el cumplimiento de objetivos.

- Se establecen requisitos más estrictos para la recogida separada de residuos.
- SCRAPS (Sistema Colectivo de Responsabilidad Ampliada del Productor). Se establecen sus obligaciones de recogida, clasificación y tratamiento para su posterior reciclaje. Los productores deberán pagar una cuota en base al coste del tratamiento.

DIRECTIVA 94/62/CE del Parlamento Europeo y del Consejo, de 20 de diciembre de 1994, relativa a los envases y residuos de envases.

La gestión de los envases y de los residuos de envases tendrá como primera prioridad la prevención de la producción de residuos de envases y asumirá asimismo como principios fundamentales la reutilización de los envases, el reciclado y otras formas de valorización de los residuos de envases y consiguientemente, la reducción de la eliminación final de este tipo de residuos.

La reutilización y el reciclado han de considerarse como procesos preferibles en relación con su impacto en el medio ambiente y que para ello los Estados miembros deben establecer **sistemas que garanticen el retorno de los envases usados y/o de los residuos de envases.**

DIRECTIVA UE 2018/852 del Parlamento Europeo y del Consejo de 30 de mayo de 2018 por la que se modifica la Directiva 94/62/CE relativa a los envases y residuos de envases.

En esta directiva se modifican los objetivos establecidos en la directiva 94/62/CE en materia de valorización y reciclado de los envases y residuos de envases para aumentar el reciclado de residuos de envases, así como la adopción de medidas adecuadas para fomentar un aumento de la proporción de envases reutilizables comercializados y la reutilización de los envases, incluyendo el uso de sistemas de depósito y devolución y otros incentivos, estableciendo objetivos cuantitativos para lograr una reducción en el consumo de envases no reciclables y de envases excesivos.

Se introducen los conceptos de:

"Envase reutilizable: todo envase que ha sido concebido, diseñado y comercializado para realizar múltiples circuitos o rotaciones a lo largo de su ciclo de vida, siendo rellenado o reutilizado con el mismo fin para el que fue concebido".

"Envase compuesto: envase hecho con dos o más capas de materiales diferentes que no pueden separarse a mano y forman una única unidad integral que consta de un recipiente interior y una carcasa exterior, que se rellena, almacena, transporta y vacía como tal".

LEY 22/2011, de 28 de julio, de residuos y suelos contaminados. La transposición de esta Directiva en nuestro ordenamiento jurídico interno se lleva a cabo a través de esta Ley que sustituye a la anteriormente vigente Ley 10/1998, de 21 de abril, de Residuos.

Se incluye un artículo de definiciones entre las que se recogen conceptos clave como el de "residuo", "reutilización", "reciclado", "valorización" y "eliminación". Asimismo también se introducen las definiciones de "residuo doméstico", "comercial" e "industrial", "suelo contaminado" o "compost", "subproducto" y de "fin de la condición de residuo", se establecen las condiciones que debe cumplir un residuo para considerarse un subproducto o para perder su condición de residuo.

Se incorporan las definiciones de la Directiva del "negociante" y del "agente" como gestores de residuos, distinguiéndose estas dos figuras en que el negociante actúa por cuenta propia mientras que el agente actúa por cuenta de terceros.

Como novedad procedente de la nueva Directiva se formula una nueva jerarquía de residuos que explicita el orden de prioridad en las actuaciones en la política de residuos: prevención (en la generación de residuos), preparación para la reutilización, reciclado, otros tipos de valorización (incluida la energética) y, por último, la eliminación de los residuos. De acuerdo con los principios de autosuficiencia y proximidad deben adoptarse medidas para establecer una red integrada de instalaciones para la valorización de residuos mezclados.

Desarrolla además, las obligaciones de los productores y gestores de residuos para lograr una mayor claridad y sistematización de las obligaciones de los sujetos intervinientes en la cadena de producción y gestión de residuos, así como una simplificación de las cargas administrativas sobre los operadores, sustituyendo parte de las autorizaciones existentes en la anterior Ley por comunicaciones.

Importante destacar, para determinar los costes del sistema, (artículo 11) **el principio de quien contamina paga.** Los costes relativos a la gestión de los residuos tendrán que correr a cargo del productor inicial de residuos, del poseedor actual o del anterior poseedor de residuos de acuerdo con lo establecido en los artículos 42 y 45.2.

Las normas que regulen la responsabilidad ampliada del productor para flujos de residuos determinados, establecerán los supuestos en que los costes relativos a sugestión tendrán que ser sufragados, parcial o totalmente, por el productor del producto del que proceden los residuos y cuándo los distribuidores del producto podrán compartir dichos costes.

En la determinación de los costes de gestión de los residuos domésticos, y de los residuos comerciales gestionados por las Entidades Locales, deberá incluirse el coste real de las operaciones de recogida, transporte y tratamiento de los residuos, incluida la vigilancia de estas operaciones, y el mantenimiento posterior al cierre de los vertederos.

LEY 11/1997, de 24 de abril, de envases y residuos de envases. Esta Ley tiene por objeto prevenir y reducir el impacto sobre el medio ambiente de los envases y la gestión de los residuos de envases a lo largo de todo su ciclo de vida.

Para conseguir dichos objetivos, además de imponer a los fabricantes de envases la obligación de utilizar en sus procesos de fabricación material procedente de residuos de envases, salvo disposición legal expresa en sentido contrario, el capítulo IV regula dos diferentes procedimientos:

- En primer lugar, se establece, con carácter general, que los distintos agentes que participen en la cadena de comercialización de un producto envasado (envasadores, importadores, mayoristas y minoristas) deben cobrar a sus clientes, hasta el consumidor final, una cantidad por cada producto objeto de transacción y devolver idéntica suma de dinero por la devolución del envase vacío.
- En segundo lugar, los agentes citados podrán eximirse de las obligaciones derivadas del procedimiento general cuando participen en un sistema integrado de gestión de residuos de envases y envases usados, que garantice su recogida periódica y el cumplimiento de los objetivos de reciclado y valorización fijados. La autorización de estos sistemas, que se formalizarán mediante acuerdos voluntarios entre dichos agentes, se otorgará por los órganos competentes de las Comunidades Autónomas.

Lo establecido en esta Ley lo será sin perjuicio de las disposiciones de carácter especial referentes a seguridad, protección de la salud e higiene de los productos envasados, medicamentos, transportes y residuos peligrosos.

2.5.2. Pilas y baterías

DIRECTIVA 2006/66/CE del Parlamento Europeo y del Consejo, de 6 de septiembre de 2006, relativa a las pilas y acumuladores y a los residuos de pilas y acumuladores. Establece, entre otras, las normas para la prohibición de comercializar pilas y acumuladores que contengan determinadas sustancias peligrosas y para el tratamiento, reciclado y eliminación de los residuos de pilas y acumuladores.

DIRECTIVA (UE) 2018/849 del Parlamento Europeo y del Consejo de 30 de mayo de 2018, por la que se modifican la Directiva 2000/53/CE relativa a los vehículos al final de su vida útil, la Directiva 2006/66/CE relativa a las pilas y acumuladores y a los residuos de pilas y acumuladores y la Directiva 2012/19/UE sobre residuos de aparatos eléctricos y electrónicos.

En su artículo 2, esta directiva modifica la Directiva 2006/66/CE respecto a la comunicación por parte de los Estados miembros de los niveles de reciclado alcanzados cada año y su transmisión por vía electrónica de los datos a la Comisión.

Además abre la puerta a los Estados miembros para aplicar instrumentos económicos y otras medidas para incentivar la aplicación de la jerarquía de residuos.

REAL DECRETO 106/2008, de 1 de febrero, sobre pilas y acumuladores y la gestión ambiental de sus residuos. El ámbito de aplicación de este real decreto abarca tanto a las pilas y acumuladores portátiles, es decir, las de consumo doméstico más frecuente, como a las industriales y de automoción, prohibiendo la puesta en el mercado de las que contengan ciertas cantidades de mercurio o de cadmio.

Se establece un régimen de obligaciones para la puesta en el mercado de pilas, acumuladores y baterías y se fija un calendario para el cumplimiento de los objetivos de recogida referido tanto a las pilas y acumuladores portátiles como a las de carácter industrial y de automoción.

Se exige, asimismo, la intervención de entidades expresamente autorizadas para la gestión de residuos de pilas, acumuladores y baterías caracterizados como peligrosos.

La gestión de los residuos de pilas y acumuladores se regula partiendo de la creación de redes de puntos para la recogida selectiva de pilas, acumuladores y baterías usadas, estableciéndose algunas especificaciones especiales para la recogida de las de carácter industrial o de automoción.

En lo referente a las plantas de tratamiento y reciclaje se detallan en el texto las instrucciones técnicas y condiciones a que deberán ajustarse y el régimen jurídico para la autorización de estas instalaciones.

Mención especial merecen las medidas previstas para promover, desde las administraciones públicas, la prevención de la producción de residuos, el fomento de las nuevas tecnologías de tratamiento y reciclaje y de procedimientos de gestión y auditoría ambiental o el de sistemas de calidad y seguridad laboral certificados.

La financiación de todos los costes de la recogida y gestión de estos residuos, así como la de las campañas de información al público, se impone a los productores, incluyendo, en su caso, a los importadores.

REAL DECRETO 710/2015, de 24 de julio, por el que se modifica el Real Decreto 106/2008, de 1 de febrero, sobre pilas y acumuladores y la gestión ambiental de sus residuos.

Introduce mejoras y actualizaciones en la regulación del Real Decreto 106/2008, como las relativas a la información que han de aportar a las Administraciones Públicas tanto los productores de pilas y acumuladores como las instalaciones de tratamiento y reciclado, la aplicación del cálculo del nivel de eficiencia de reciclado; normas detalladas para el cálculo de los niveles de eficiencia de los procesos de reciclado de los residuos de pilas y acumuladores. Igualmente a través de esta modificación se adapta el Real Decreto 106/2008, de 1 de febrero, al régimen previsto sobre responsabilidad ampliada del productor en la Ley 22/2011, de 28 de julio, de residuos y suelos contaminados.

Se amplía el concepto de índice de recogida, de manera, que no se aplicará únicamente a las pilas y acumuladores portátiles, sino también a las de automoción e industriales. De esta manera para el cálculo de los objetivos se acudirá a la información incorporada en el Registro Integrado Industrial, en relación con las pilas y acumuladores portátiles, de automoción e industriales.

2.5.3. Vehículos fuera de uso (VFU)

DIRECTIVA 2000/53/EC sobre vehículos fuera de uso. Esta directiva tiene por finalidad reducir las repercusiones de los vehículos sobre el medio ambiente, estableciendo para ello no sólo normas para su correcta gestión ambiental al final de su vida útil, sino también medidas preventivas que deberán tomarse en consideración desde la fase de su diseño y fabricación.

DIRECTIVA (UE) 2018/849 del Parlamento Europeo y del Consejo de 30 de mayo de 2018, por la que se modifican la Directiva 2000/53/CE relativa a los vehículos al final de su vida útil, la Directiva 2006/66/CE relativa a las pilas y acumuladores y a los residuos de pilas y acumuladores y la Directiva 2012/19/UE sobre residuos de aparatos eléctricos y electrónicos.

Además, insta a los Estados miembros a que adopten las medidas necesarias para garantizar que sus autoridades competentes reconozcan y acepten recíprocamente los certificados de destrucción expedidos por los demás Estados, y que al final de la vida útil de los vehículos éstos sean almacenados y tratados conforme a la jerarquía de residuos y requisitos generales establecidos en la Directiva 2008/98/CE.

REAL DECRETO 20/2017, de 20 de enero, sobre los vehículos al final de su vida útil. Se establecen medidas preventivas desde la fase de concepción del vehículo, tendentes a disminuir y limitar la utilización de sustancias peligrosas en su fabricación, así como a facilitar la reutilización, el reciclado y la valorización de sus distintos elementos, para reducir la afección ambiental producida por los vehículos.

Constituyen determinaciones prioritarias garantizar la recogida de los vehículos para su descontaminación en centros de tratamiento específicamente autorizados, la correcta gestión ambiental de los elementos y componentes extraídos del vehículo y el cumplimiento de los objetivos de reutilización, reciclado y valorización establecidos por la Directiva 2000/53/CE.

La figura central de este proceso de mejora ambiental es el usuario, al que se impone la obligación de entregar el vehículo al final de su vida útil, bien directamente o a través de una instalación de recepción, a un centro autorizado de tratamiento que realizará su descontaminación.

Para facilitar al usuario el cumplimiento de esta obligación, y en aplicación del principio de responsabilidad de los productores, éstos deberán hacerse cargo de los vehículos que les sean entregados de la marca que comercialicen o hayan comercializado, garantizando la suficiencia de las instalaciones de recepción.

Particular relevancia adquiere la acreditación del fin de la vida útil del vehículo y, consiguientemente, su consideración como residuo, de la que se deriva la obligación de aplicar a su descontaminación el régimen normativo sobre residuos peligrosos. Por ello, la entrega del vehículo en el centro de tratamiento que realiza la descontaminación quedará documentada mediante el certificado de destrucción emitido por dicho centro.

Para evitar la contaminación de los elementos que integran el medio ambiente, incluido el suelo se regulan también las operaciones de descontaminación y demás operaciones de tratamiento, fijándose además las condiciones de almacenamiento y estableciéndose los requisitos técnicos que han de reunir las instalaciones de recogida, almacenamiento y tratamiento (incluida la descontaminación) de los vehículos y de los elementos que los componen.

2.5.4. Residuos de aparatos electrónicos y eléctricos

DIRECTIVA 2002/96/CE del Parlamento Europeo y del Consejo de 4 de julio de 2012 sobre residuos de aparatos eléctricos y electrónicos.

Esta directiva modifica sustancialmente a la anterior directiva 2002/96/CE. Como el mercado sigue expandiéndose y los ciclos de innovación se hacen más breves, la sustitución de los aparatos se acelera, convirtiendo rápidamente a los AEE en una creciente fuente de residuos.

Los componentes peligrosos contenidos en los AEE constituyen un problema importante durante la fase de gestión de los residuos y el grado de reciclado de RAEE es insuficiente. La falta de reciclado provoca la pérdida de recursos valiosos, con lo que esta Directiva tiene por objetivo contribuir a la producción y consumo sostenibles mediante, de forma prioritaria, la prevención de la generación de RAEE y, además, la reutilización, el reciclado y otras formas de valorización de dichos residuos, a fin de reducir su eliminación y contribuir al uso eficaz de los recursos y a la recuperación de materias primas secundarias valiosas.

Asimismo, pretende mejorar el comportamiento medioambiental de todos los agentes que intervienen en el ciclo de vida de los AEE, como, por ejemplo, productores, distribuidores y consumidores, y, en particular, de aquellos agentes directamente implicados en la recogida y tratamiento de los RAEE. En particular, la distinta aplicación nacional del principio de responsabilidad del productor puede hacer que los agentes económicos soporten cargas financieras muy desiguales.

La existencia de políticas nacionales dispares en materia de gestión de los RAEE reduce la eficacia de las políticas de reciclado. Por ese motivo deben establecerse criterios fundamentales a escala de la Unión y deben elaborarse normas mínimas relativas al tratamiento de los RAEE.

Las disposiciones de esta Directiva deben aplicarse a productos y productores con independencia de la técnica de venta empleada, inclusive la venta a distancia y la venta electrónica. En ese sentido, las obligaciones de productores y distribuidores que utilizan canales de venta a distancia y electrónicos deben adoptar, en la medida de lo posible, la misma forma y deben aplicarse de la misma manera que en otros canales de distribución, con objeto de evitar que esos otros canales de distribución tengan que soportar los costes derivados de las disposiciones de la presente Directiva en lo que se refiere a los RAEE de equipos vendidos mediante venta a distancia o electrónica.

El establecimiento, mediante la esta Directiva, de la responsabilidad del productor es uno de los medios para estimular el diseño y producción de AEE que tenga plenamente en cuenta y facilite su reparación y su posible actualización, así como su reutilización, desmontaje y reciclado.

DIRECTIVA (UE) 2018/849 del Parlamento Europeo y del Consejo de 30 de mayo de 2018, por la que se modifican la Directiva 2000/53/CE relativa a los vehículos al final de su vida útil, la Directiva 2006/66/CE relativa a las pilas y acumuladores y a los residuos de pilas y acumuladores y la Directiva 2012/19/UE sobre residuos de aparatos eléctricos y electrónicos.

Modifica en su artículo 3 la directiva 2012/19/UE respecto a las formas y plazos de comunicación de datos.

REAL DECRETO 110/2015, de 20 de febrero, sobre residuos de aparatos eléctricos y electrónicos (RAEE). Este Real Decreto tiene por objeto regular la prevención y reducción de los impactos adversos causados por la generación y la gestión de los residuos de los aparatos eléctricos y electrónicos sobre la salud humana y el medio ambiente, determinar los objetivos de recogida y tratamiento de estos residuos, y los procedimientos para su correcta gestión, trazabilidad y contabilización.

Establece que el usuario del aparato usado podrá destinarlo a su reutilización o desecharlo como residuo, en este segundo caso tendrá la consideración de productor del RAEE. Su responsabilidad concluye con la entrega del RAEE en las instalaciones o puntos de recogida de las Entidades Locales, de los distribuidores, de los gestores de residuos o con su entrega en las redes de recogida de los productores de aparatos, en los términos previstos en este real decreto.

Asimismo, los productores de aparatos, de sus materiales y de sus componentes, deberán diseñar y producir los mismos de forma que se prolongue en lo posible su vida útil, facilitando entre otras cosas, su reutilización, desmontaje y reparación. Al final de su vida útil se facilitará la preparación para la reutilización y la valorización de los RAEE, sus componentes y materiales, de manera que se evite su eliminación. Como mínimo, deberán aplicar las previsiones del Real Decreto 187/2011, de 18 de febrero, relativo al establecimiento de requisitos de diseño ecológico aplicables a los productos relacionados con la energía, y del Real Decreto 219/2013, de 22 de marzo, sobre restricciones a la utilización de determinadas sustancias peligrosas en aparatos eléctricos y electrónicos. Las instrucciones de los AEE deberán indicar que antes del depósito de los RAEE en las instalaciones de recogida de estos, deberán extraerse las pilas y ser depositados separadamente para su adecuada gestión.

Regula para los productores obligaciones de marcado de los aparatos y de información necesaria para la correcta reparación y reutilización de sus productos y para la correcta preparación para la reutilización y gestión de los residuos de sus aparatos., así como de registro en la sección especial para los productores de aparatos eléctricos y electrónicos del Registro Integrado Industrial.

2.5.5. Aceites y vertidos industriales líquidos

La ley 22/2011, de 28 de julio, de residuos y suelos contaminados, en el artículo 3 apartado f) define el concepto de aceite usado como "Todos los aceites minerales o sintéticos, industriales o de lubricación, que hayan dejado de ser aptos para el uso originalmente previsto, como los aceites usados de motores de combustión y los aceites de cajas de cambios, los aceites lubricantes, los aceites para turbinas y los aceites hidráulicos."

En el mismo artículo 3 apartado u) define la regeneración de aceites usados como "Cualquier operación de reciclado que permita producir aceites de base mediante el refinado de aceites usados, en particular mediante la retirada de los contaminantes, los productos de la oxidación y los aditivos que contengan dichos aceites."

La vigente legislación de residuos en España le da una especial relevancia a la definición y tratamiento de los aceites, dado que el uso de aceites industriales genera un residuo peligroso del que pueden derivarse graves daños medioambientales si su gestión es inadecuada. Su eliminación por incineración incontrolada o vertido provoca graves problemas de contaminación en el aire, el agua y el suelo.

La gestión de los aceites usados se regula por el Real Decreto 679/2006, modificado por la Orden ARM/795/2011. En aplicación de la responsabilidad ampliada del productor los fabricantes e importadores de aceites industriales están obligados a asegurar la gestión y sufragar el coste total de la gestión.

Respecto a los vertidos industriales, la Directiva 91/271/CEE, de 21 de mayo, relativa al tratamiento de las aguas residuales urbanas, señala la necesidad de que los vertidos de aguas residuales industriales que entren en los sistemas colectores e instalaciones de tratamiento de aguas residuales urbanas sean objeto de un tratamiento previo para garantizar, principalmente, que no tengan efectos nocivos sobre las personas y el medio ambiente y no deterioren las infraestructuras de saneamiento.

Especial hincapié hace la norma europea en la obligatoriedad de ser objeto de un tratamiento previo. Las aguas procedentes de procesos industriales contienen gran cantidad y diversidad de contaminantes, lo que hace imprescindible un estudio detallado de su composición para el diseño de las plantas de depuración que los van a tratar antes de devolverlos al dominio público hidráulico.

Resumen

Logística inversa: "el proceso por el que los bienes son trasladados desde su típico destino final hasta otro punto, con el objeto de obtener valor que, de otro modo, se perdería, o para proceder a su adecuada eliminación".

Causas de la aparición de la logística inversa:

- Motivos económicos:
  - — Directos (recuperación de valor y reducción de costes).
  - — Indirectos (orientación a cliente).
- Motivos medioambientales.
- Motivos legislativos.

Fuentes de logística inversa:

- **Devoluciones.**

  Causas:

  - — Error de suministro.
  - — El cliente no está satisfecho con el producto.
  - — La imposibilidad de entrega.
  - — Caducidad/obsolescencia del producto.

  Gestionar los procesos de recogida y transporte de retorno.

  Decidir acerca de su tratamiento y destino final, dependiendo:

  - — Del valor que aporte dicho tratamiento.
  - — Del impacto del mismo en la cuenta de resultados.

  Comercialización de los productos recuperados y reacondicionados.

  Reutilización de componentes.
- **Gestión de residuos.**

  Cuando el producto (o sus partes y componentes) no puede ser reacondicionado o reutilizado de ningún modo:

  - — Reciclaje de los materiales.
  - — Definitivo traslado a vertedero.

Alternativas de tratamiento y destino final: aspectos a tener en cuenta:

- Costes de la alternativa.
- Beneficio esperado.
- Condiciones del mercado.
- Conciencia ecológica.
- Capacidad de la empresa para realizar actividades de logística inversa.
- Regulaciones ambientales.

Logística tradicional vs. Logística inversa:

- Localización y diseño de la red.
- Predicción/Incertidumbre.
- Control de inventarios.
- Reutilización de componentes como materias primas.
- Condiciones del producto recuperado.
- Actividades no contempladas en logística tradicional.

Barreras a la logística inversa:

- Existencia de muchos orígenes (consumidores) y pocos destinos (recuperadores).
- Conjunto de intermediarios, muy numeroso y con nuevas funciones, sobre todo en las actividades de reciclaje medioambiental.
  - Directiva de Residuos de Aparatos Eléctricos y Electrónicos, 2002/96/CE.
  - Directiva 2008/98/CE del Parlamento Europeo y del Consejo, de 19 de noviembre de 2008, sobre los residuos.
- La importancia que tienen las actividades de clasificación de los bienes recuperados y su viabilidad económica.

Pools de Palets y KLT: servicio de logística inversa, que prestan empresas especializadas y que consiste en proporcionar a sus clientes el conjunto de palets que necesitan en cada momento, así como un servicio de mantenimiento y reparación de los mismos. Supone la externalización del servicio de recuperación de embalajes (palets) para su reutilización.

KLT: cajas normalizadas (medidas estandar, múltiplos o submúltiplos de un módulo patrón de 600 x 400 milímetros) que pueden usarse de embalaje de uso repetido, es decir, son susceptibles de reutilización (además de reciclables).

Las 3 "R": reutilización, reciclaje, reducción:

- **Reducir:** menos materias primas, simplificación de componentes y su adecuación a ser reciclados en un futuro.
- **Reciclar:** supone la recuperación de un material usado y su incorporación a un proceso de transformación para que se pueda volver a utilizar.
- **Reutilizar:** supone la utilización de productos o alguna de sus partes, reparados, en funciones que desempeñaba anteriormente o con otros fines.

Logística inversa como fuente de negocio:

- Disminución y/o eliminación de costes, mediante la estrategia de las "3 R".
- Generación de nuevas ventas en mercados alternativos.

Puntos críticos de la logística inversa:

- Realización de estudios previos para el diseño del sistema.
- No solo incluye la manipulación del producto, abarca muchos más procesos.
- Interrelación de las actividades de logística inversa con todos los departamentos de la empresa.
- Incertidumbre, complejidad y costes del sistema.
- Procesos inexistentes en logística directa.
- Proceso de inspección individual por producto, para su fin: reutilizar, reciclar o eliminar.
- Viabilidad: realizar las distintas actividades de logística inversa con recursos propios, o externalizar el sistema.

Ventajas de cerrar el ciclo: conseguir una **cadena de suministro de ciclo cerrado**, donde la empresa esté totalmente involucrada en todos los procesos que atañen a sus productos y materiales, tanto en sentido directo como inverso.

Logística inversa y legislación:

- **Envases y residuos.**
  - **DIRECTIVA 2008/98/CE** del Parlamento Europeo y del Consejo, de 19 de noviembre de 2008, sobre los residuos, "Directiva marco de residuos".
  - **LEY 22/2011**, de 28 de julio, de residuos y suelos contaminados.
  - **LEY 11/1997**, de 24 de abril, de envases y residuos de envases.

- **Pilas y baterías.**
  - **Directiva 2006/66/CE** del Parlamento Europeo y del Consejo, de 6 de septiembre de 2006, relativa a las pilas y acumuladores y a los residuos de pilas y acumuladores.
  - **Real Decreto 106/2008,** de 1 de febrero, sobre pilas y acumuladores y la gestión ambiental de sus residuos.
- **Vehículos fuera de uso (VFU).**
  - **Directiva 2000/53/EC** sobre vehículos fuera de uso.
  - **Real Decreto 1383/2002,** de 20 de diciembre, sobre gestión de vehículos al final de su vida útil.
- **Residuos de aparatos electrónicos y eléctricos.**
  - **Directiva 2002/96/CE** del Parlamento Europeo y del Consejo, de 27 de enero de 2003, sobre residuos de aparatos eléctricos o electrónicos, modificada en su artículo 9 por la Directiva 2003/108/CE del Parlamento Europeo y del Consejo, de 8 de diciembre de 2003.
  - **Real Decreto 208/2005,** de 25 de febrero, sobre aparatos eléctricos y electrónicos y la gestión de sus residuos.
- **Aceites y vertidos industriales líquidos.**
  - **Ley 22/2011,** de 28 de julio, de residuos y suelos contaminados.
  - **Real Decreto 679/2006,** modificado por la Orden ARM/795/2011.
  - **Directiva 91/271/CEE,** de 21 de mayo.

Autoevaluación

2.1. La logística inversa es:

a) El conjunto de procesos de planificación, abastecimiento, producción y logística, que permiten gestionar todos los flujos tanto de materiales como de información desde el primer proveedor hasta el consumidor final.

b) El proceso por el que los bienes son trasladados desde su típico destino final hasta otro punto, con el objeto de obtener valor que, de otro modo, se perdería, o para proceder a su adecuada eliminación.

c) El conjunto de procesos de planificación, implementación y control de todos aquellos flujos de materiales e información desde los proveedores hasta el cliente.

d) Todas las anteriores son correctas.

2.2. Causas de aparición de la logística inversa son:

a) Motivos económicos, tanto de recuperación de materiales como de satisfacción al cliente.

b) Motivos legislativos y medioambientales.

c) La desaparición de los vertederos.

d) Solo la a) y la b) son correctas.

2.3. Barreras a la logística inversa son:

a) La viabilidad económica de las actividades de clasificación de los bienes recuperados.

b) El conjunto de intermediarios muy numeroso y con nuevas funciones.

c) Muchos orígenes (consumidores) y pocos destinos (recuperadores).

d) Todas las anteriores son correctas.

2.4. La legislación que influye en los sistemas de logística inversa es:

a) Únicamente recogida por la Normativa europea.

b) No es una causa de la aparición de la logística inversa.

c) Obliga a las empresas a configurar o subcontratar procesos de logística inversa para el reciclaje, recuperación y reutilización de sus productos y residuos.

d) Todas las anteriores son correctas.

Actividades prácticas

2.1. Investiga en Internet cinco empresas que hayan implantado operaciones de logística inversa e identifica qué alternativas a la recuperación de productos han aplicado en sus operaciones de logística inversa (comercialización de productos recuperados y reacondicionados, reutilización y/o reciclaje de componentes).

3. Optimización y costos logísticos

Introducción

Veíamos que tanto la gestión de la cadena de suministro como de la cadena logística tienen como objetivo agregar valor, minimizando coste y logrando la satisfacción de nuestros clientes.

Será clave, para lograr este objetivo, alcanzar el equilibrio ente servicio y coste. Así, analizaremos en este capítulo todas las variables que influyen en el cálculo de los costes logísticos y su impacto en la cadena de valor.

Los costes logísticos engloban todos aquellos costes de las actividades de la empresa adheridos a las funciones de gestión y control de los flujos de materiales e información. Según el Fondo Monetario Internacional, el promedio de los costes logísticos es cercano al 12% la del producto interior bruto mundial.

Fundamental para este capítulo tener en cuenta el entorno globalizado en el que viven actualmente las organizaciones, desarrollando estrategias mundiales donde sus productos son diseñados para un mercado global, y producidos donde los costes de las materias primas, componentes y mano de obra sean más baratos, acorde con los estándares de calidad del producto.

Contenido

3.5. Medidas para optimizar el costo logístico en las diversas áreas: stock, almacenaje, picking, transporte

3.6. Cuadro de control de costos. Pirámide de información del costo logístico

3.7. Ejemplo práctico de cálculo del costo logístico en una operación de comercialización, teniendo en cuenta el costo de compra, los costos de stock, almacenaje y manipulación, el costo de transporte de distribución y los costos administrativos e indirectos

3.1. Características del costo logístico: variabilidad

La variabilidad de los procesos (ciclo de abastecimiento, distribución, aprovisionamientos) y del entorno (variabilidad de la demanda, variabilidad del entorno geopolítico) afecta a todas las partes de la cadena de suministro.

La reducción de la variabilidad es fundamental para un mejor control de los costes, ya que:

- Reduce costes de inventarios.
- Reduce ineficiencias en los flujos de almacenamiento y transporte.

Estrategias para reducir la variabilidad:

- Establecer acuerdos de nivel de servicio entre cliente y proveedor.
- Implementar indicadores estratégicos.
- Implementar estrategias de demanda combinadas pull-push.
- Estudiar la reversibilidad en ciertas operaciones.

3.1.1. Componentes del costo logístico: stock, almacenaje, picking, envase y embalaje, transporte

- **Costes de inventario o costes de stock.** La posesión de artículos por parte de la empresa (tanto materia prima como producto terminado), hace que esta incurra principalmente en dos costes:

  — Valor de los artículos almacenados. El cálculo de este coste se obtiene a partir del capital invertido en este stock, más el interés financiero que tendría que abonar la empresa si hubiera pedido un préstamo para financiar la compra de este stock.

  — Primas de seguros que cubren los riesgos sobre esos artículos.

  Puede suponer una partida importante en el balance de la empresa, ya que mantener un nivel de stock supone invertir recursos financieros en la compra o producción del mismo, que podrían liberalizarse y utilizarse en otras inversiones si se hace una adecuada gestión de este stock.

- **Costes de almacenaje.** En este capítulo, es importante distinguir dos magnitudes:

  1. **Coste del espacio**, o de las instalaciones utilizadas para almacenar. En esta magnitud, la decisión más importante a tomar es si utilizar (y por lo tanto invertir en) instalaciones propias, o utilizar almacenes alquilados.

Los principales costes en los que se incurren en la magnitud espacio son:

— Alquiler/Amortización.
— Financiación.
— Mantenimiento y reparaciones.
— Seguros.
— Impuestos.

2. **Coste de los medios,** tanto materiales como humanos, para desempeñar las funciones de almacén. Como en el caso del espacio, hay que considerar si los medios materiales se adquieren en propiedad, o se alquilan.

   Los principales costes en los que se incurren en la magnitud medios son:

   — Equipos de manutención: carretillas, estanterías, equipos informáticos y técnicos, etc.
   — Personal: Sueldos y Salarios, Seguridad Social, etc.

- **Costes del proceso de picking.** Sabemos que el picking, o la extracción del pedido del almacén, es un proceso clave, ya que de su correcta ejecución (que se extraiga para preparar el producto correcto en la cantidad correcta) será directamente percibida por el cliente, es decir, estará o no satisfecho si extraemos exactamente lo que el cliente ha pedido.

  Los principales costes en los que se incurren en la magnitud picking son similares a los de la magnitud medios de almacén, es decir, incurrimos en costes de personal y en costes de equipos de manutención adecuados para realizar este proceso.

- **Costes de envasado y embalado.** Así como el proceso de picking es clave, el proceso de envasado y embalado lo es también, ya que un correcto envasado y embalado permite que el producto llegue a manos del cliente en perfectas condiciones.

  Los principales costes en los que se incurren en la magnitud envasado y embalado son:

  — Equipos de manutención: carruseles, mesas de preparación, maquinas de envasado y embalado, etiquetas e impresoras, básculas, etc.
  — Personal: sueldos y salarios, Seguridad Social, etc.
  — Envases, embalajes y elementos auxiliares del embalaje.

- **Costes de transporte**. Generalmente, los costes de transporte, que son los costes totales en los que se incurre para posicionar los productos desde origen a cliente, suponen la partida con más peso dentro del coste logístico global.

  Para calcular los costes de transporte, es necesario realizar las siguientes consideraciones:

  La primera y más importante, decidir si la flota de vehículos va a ser propia o subcontratada. Esta decisión dependerá, además de los costes, de la naturaleza de la mercancía a transportar y del servicio ofrecido a nuestros clientes.

  Por ejemplo, en el servicio de distribución urgente de ciertos materiales, para su distribución capilar desde almacén a los clientes detallistas, es necesaria una tipología específica de vehículo adaptada a las características de las mercancías, además de necesitar de una serie de vehículos fijos para poder realizar este servicio de entrega diaria y urgente.

  En este caso, se hace patente la necesidad o bien de contar con una flota propia, o de llegar a acuerdos estratégicos con proveedores logísticos (integración de proveedores) para asegurar esta flota con sus características especiales.

  La segunda consideración es distinguir entre clientes nacionales e internacionales. A medida que los clientes se alejan físicamente del centro productivo y/o almacén, los costes de transporte y la complejidad de la distribución aumentan, llegando a su máximo exponente a la hora de exportar a otros países, ya que aquí entran en juego los costes inherentes a la exportación (recogidos en las INCOTERMS):

  — Transporte Nacional, ya sea de larga distancia o distribución capilar.

    Dentro del transporte nacional de larga distancia, tendremos en cuenta, para el cálculo de los costes, la relación peso/volumen/distancia y los distintos medios de transporte a utilizar:

    - Camión.
    - Ferrocarril.
    - Barco (Short Sea Shipping, transporte fluvial).
    - Avión.

    Para la distribución capilar, es necesario tener en cuenta la situación de nuestros clientes, que determinarán en gran medida la elección del medio de transporte a utilizar (por ejemplo, si el cliente está en el centro ciudad con restricción de acceso a vehículos que superen una cierta masa máxima autorizada).

Además, la distribución capilar suele ser de corto recorrido, con lo que en este caso las variables de peso y volumen de la mercancía prevalecen sobre la variable distancia recorrida a la hora de calcular el coste unitario de transporte.

— Transporte Internacional. Tendremos en cuenta:

1. Multimodalidad. Generalmente, para realizar un transporte internacional será necesario la utilización de diversos medios de transporte en una misma operación de transporte. Esto incrementa tanto el coste como la complejidad, con lo que la práctica habitual es que su organización y ejecución se subcontrate a operadores internacionales especializados (transitarios), que gestionarán todo el transporte, puerta a puerta, por su conocimiento sobre todo en los países de destino de los transportistas locales y los requisitos y normativa de transporte inherente a cada país.

2. Además de tener en cuenta los costes inherentes al transporte, tener en cuenta los costes administrativos inherentes a la exportación. Estos dependerán del INCOTERM marcado en el contrato de compraventa internacional.

   Se deberán considerar los siguientes:

   - Comisión del Agente de Aduanas (origen y destino).
   - Embalajes (contenedores marítimos, aéreos, etc.).
   - Documentación de Exportación/Importación.
   - Seguros.
   - Manipulación (operaciones de carga, descarga y almacenamiento).
   - Tasas aéreas y portuarias.
   - Aranceles.

En la siguiente tabla, vemos un resumen de los costes logísticos y sus fuentes:

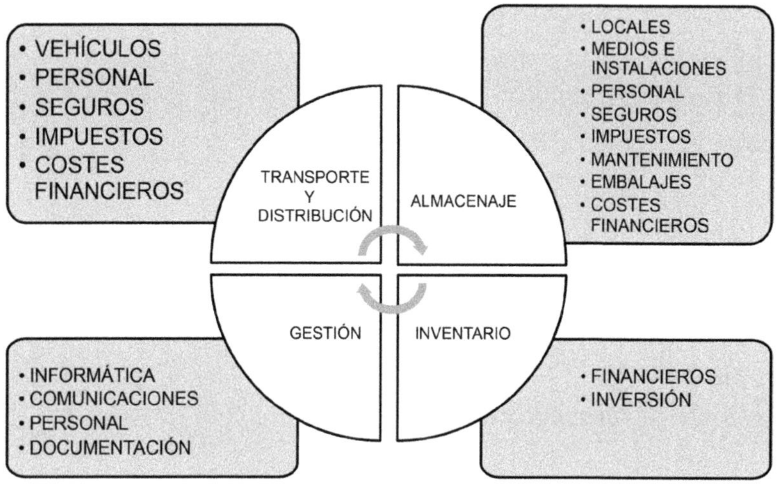

Figura 3.1. Estructura de costes logísticos.

3.1.2. Costos directos e indirectos

Como en el resto de áreas de la empresa, nos encontraremos con una serie de costes directos e indirectos. Para su correcta detección e imputación, hemos de distinguir entre los dos conceptos:

- **Coste directo**: es todo aquel coste que es directamente identificable y atribuible a un objetivo, departamento, proyecto, obra, etc. En el caso de la cadena logística, son todos aquellos costes directamente atribuibles a las áreas de almacenaje, inventario, transporte y distribución y gestión directa de dichas áreas.
- **Coste indirecto**: es todo aquel coste no identificable y atribuible a un solo objetivo como en el caso anterior, sino que es el coste de aquellos recursos compartidos por varios departamentos en la empresa. Suelen ser costes estructurales, aquellos que sostienen y posibilitan la actividad de la empresa, como personal tanto gerencial como administrativo, oficinas, suministros (agua, luz, gas etc.), seguros, etc.

3.1.3. Cadena de suministro y costos logísticos asociados

Veamos ahora los costes logísticos desde el punto de vista de la cadena de suministro, como costes vinculados a los distintos flujos:

- **Costes vinculados al flujo físico de mercancías:**
  - Transporte de abastecimiento y distribución.
  - Almacenamiento (equipos de manutención).

— Medios tecnológicos y humanos para la gestión del transporte y el almacén.
— Financieros.

- **Costes vinculados al flujo de información:**
  — Procesamiento de pedidos.
  — Seguimiento y control de las entregas.
  — Resolución de incidencias.
  — Medios tecnológicos y humanos para la gestión del flujo de información.
  — Financieros.
- **Costes vinculados al capital logístico:**
  — Inventarios.
  — Almacenes.
  — Vehículos de transporte.
  — Financieros.
- **Costes estructurales imputables a la gestión logística:**
  — Gerenciales.
  — Administración general.
  — Seguros.
  — Financieros.

Relacionando estas partidas de coste según el flujo que las origina, con los procesos desarrollados en la cadena de suministro (abastecimiento, producción, distribución), podemos tener una visual del coste logístico general:

<table>
<tr><th>PROCESOS / ORIGEN</th><th>ABASTECIMIENTO</th><th>PRODUCCIÓN</th><th>DISTRIBUCIÓN</th><th>CLIENTE</th></tr>
<tr><td>FLUJO FÍSICO</td><td>• Transporte desde proveedor.
• Transporte interno.
• Manipulación.</td><td>• Almacenaje MP.
• Transformación.
• Manipulación
• Almacenaje PT.
• Embalaje.</td><td>• Transporte a cliente.
• Almacenaje distribuidor.
• Daños y mermas.</td><td rowspan="3">• Rupturas de stock.
• Devolución de pedidos.</td></tr>
<tr><td>FLUJO DE INFORMACIÓN</td><td>• Proceso pedido a proveedor.
• Estimadores de demanda.</td><td>• Proceso pedido de clientes.
• Información de gestión.</td><td>• Seguimiento de entregas.
• Información de gestión.</td></tr>
<tr><td>CAPITAL LOGÍSTICO</td><td>• Almacén de MP.</td><td>• Inventarios.
• Almacén de PT.</td><td>• Medios de transporte propios.</td></tr>
<tr><td>ESTRUCTURA</td><td colspan="3">• Costes de estructura (gerenciales y administrativos.
• Costes financieros.
• Seguros.</td><td>TOTAL COSTES LOGÍSTICOS</td></tr>
</table>

Figura 3.2. Relación origen de costes logísticos con procesos.

3.1.4. El "despilfarro"

También, en el cálculo de costes, debemos tener en cuenta e intentar cuantificar (aun con el alto grado de incertidumbre que soportan) aquellos costes ocultos derivados de:

- Pérdida de valor del inventario por deterioro u obsolescencia.
- Mermas de inventario.
- Costes de devoluciones:
  - — Transporte.
  - — Reembalaje.
  - — Reubicación en los almacenes.
  - — Remanufacturación de los productos.
  - — Costes administrativos derivados.
  - — Costes financieros derivados.

La obsolescencia de los productos puede producirse por cambios tecnológicos, o simplemente por estacionalidad de la demanda (se acabó la temporada de verano en la moda), lo que supone que su valor en el mercado será más bajo. Asimismo, el deterioro por un mal almacenaje o por una mala manipulación, tanto del producto como de su embalaje, hace que el mismo pierda valor.

Las mermas de inventario, por una mal registro de las entradas y salidas de productos, por un mal conteo del inventario o por hurtos también suponen un coste oculto que es primordial cuantificar.

Las devoluciones de productos por parte de los clientes, independientemente del motivo que las generen, suponen costes ocultos de transporte de vuelta a las instalaciones de la empresa, reubicación en el almacén, re manufacturación y /o reembalado para volver a ponerlos en el mercado, con sus costes administrativos y financieros asociados.

Especial mención también merecen todos aquellos costes ocultos por duplicidades, cuellos de botella, ineficiencias, pérdidas de información, sistemas inflexibles, procesos innecesarios, etc.

3.2. Sistema tradicional y sistema ABC de costos

En el entorno actual en el que se mueven las organizaciones, el sistema tradicional de cálculo de costes no responde a la realidad del enfoque a cliente.

El objetivo de maximizar la producción minimizando los costes no está alineado con este enfoque, sabemos que el objetivo es aportar valor a los clientes al mínimo coste posible manteniendo un adecuado nivel de servicio.

Por esta razón, resulta insuficiente el cálculo de costes de los factores o recursos necesarios para lograr un nivel de producción (físico, humano y financiero), tanto directos como indirectos, sino que se hace imperativa el cálculo de costes por actividad, o sistema ABC (Activity Based Costing).

El sistema de costes basado en las actividades es un modelo que permite la asignación y distribución de los diferentes costes indirectos de acuerdo a las actividades realizadas, pues son éstas las que realmente generan costes. Este sistema nace de la necesidad de dar solución a la problemática que presentan otros modelos de imputación de costes indirectos, que no reflejan fielmente la cadena de valor añadido en la producción de un producto o servicio determinado, con lo que no permiten una adecuada determinación del precio.

Este modelo de coste asigna y distribuye los costes indirectos identificando el origen del coste con la actividad necesaria (entendida como el conjunto de acciones que tiene como fin el incorporar valor al producto en cada fase), no solo para la producción sino también para la distribución y su venta. Los productos y servicios consumen actividades y estas a su vez son las generadoras de los costes.

En un sistema ABC, los costes se calculan según el proceso o actividad que los genere y para el cual sean necesarios. Es decir, sabremos no lo que nos cuesta cada "cosa", sino lo que nos cuesta hacer cada "cosa", las actividades y no los productos son el centro del cálculo de costes. Este sistema nos permite detectar qué procesos aportan valor y qué procesos no.

Los profesores Robert S. Kaplan y Robin Cooper han analizado la evolución del sistema ABC de costes en su libro "Coste y Efecto" (1999), desarrollando un modelo de cuatro fases, hasta llegar a:

- "Un sistema de contabilidad tradicional pero que funciona bien y prepara mensual o trimestralmente unos balances para los usuarios externos, utilizando métodos convencionales para asignar los costes de producción al coste de los productos vendidos y a las cuentas de existencias.
- Uno o más sistemas de costes basados en las actividades que toman datos de los sistemas contables 'oficiales', así como de otros sistemas operativos y de información, para medir cuidadosa y fielmente los costes de actividades, procesos, productos, servicios, clientes y unidades de la organización.

- Sistemas de feedback operativo que proporcionan a todos los empleados una información oportuna y fidedigna, tanto financiera como no financiera, sobre la eficiencia, calidad y tiempo de los ciclos de los procesos empresariales".

Pero van más allá. Estos autores abogan por una integración total de los sistemas de costes ABC y feedback operativo, que generen las bases para la preparación de los estados contables externos, exigidos por las legislaciones fiscales y mercantiles de los distintos países.

Ellos ponen como ejemplo para justificar esta integración: "los costes estándar de producto que aparecen en los costes de los bienes vendidos y en la valoración de existencias puede diferir bastante de los costes de producto computados por el ABC. Y el análisis de desviaciones realizado por el sistema de contabilidad para comparar los datos presupuestados y los reales puede dar una visión muy diferente en cuanto a la eficiencia de la que se desprende del sistema de feedback operativo, que trabaja directamente con datos sobre los resultados, calidad y tiempos de respuesta, reales".

Es decir, las organizaciones no deben esperar a la confección de los estados contables (y mucho menos a la comparación del presupuesto con la contabilidad tradicional para analizar desviaciones), que generen la información necesaria para el sistema ABC y que alimente el sistema de feedback operativo, sino que sea al revés, que sea el sistema ABC y el sistema de feedback operativo, integrados, la herramienta que diaria, semanal o mensualmente manejen los directivos y resto de personal de la empresa para su control y toma de decisiones. Y, que estos generen los estados contables exigidos por la ley.

La evolución de las Nuevas Tecnologías y las herramientas informáticas posibilitan esta opción de forma rápida, fiable y a un coste totalmente asumible.

¿Cómo implementar un sistema ABC? Es necesario seguir las siguientes fases:

1. Identificar todas las actividades (principales y auxiliares) que realiza la empresa y agruparlas por procesos con un criterio de homogeneidad, con un objetivo común (no mezclar actividades de compra con venta por ejemplo).
2. Definir los inductores de coste, es decir, los factores que en cada actividad, causan, generan o inducen al coste. Así, se establecen las relaciones de causa de actividad, producto y coste y resulta más sencilla

la asignación de los costes indirectos. Es decir, identificar qué necesito para hacer algo.

3. Cuantificar los recursos consumidos por las actividades.
4. Establecer bases de medida y control de las actividades, es decir, definir indicadores para cada una de las actividades. Esta información es la que alimenta el feedback operativo.
5. Y por último, trasladar el coste de las actividades al coste de los productos o servicios obtenidos.

Como ejemplo de lo anterior:

- Actividad principal: transporte.
- Inductor de coste: camión.
- Cuantificación: factura del transportista.

3.2.1. El costo logístico de oportunidad

Anteriormente se ha señalado que los costes logísticos en una empresa pueden alcanzar el 30 % de sus costes totales. Es una partida con muchísimo peso y que además puede verse incrementada por los costes de oportunidad.

Un coste de oportunidad logístico es aquel en el que se incurre por:

- Las ventas que se dejan de realizar, por retrasos en el suministro.
- No tener el producto en existencia cuando se demanda.
- Tener demasiado producto en existencia.
- No atender al cliente antes de que decida marcharse y comprar el producto en otro sitio.

Una reducción del coste de almacenaje, por ejemplo, puede provocar una ruptura de stocks, es decir, una falta de disponibilidad del producto en el momento en que se demande y en la cuantía solicitada, lo que provocara la perdida de ventas y posiblemente la pérdida del cliente, esto supone pérdida de ventas actuales y futuras.

Así, es fundamental al definir nuestros inductores de coste, tener en cuenta no solo los costes reales, sino los costes de oportunidad.

3.2.2. Costos totales y costos unitarios

Cuando sumamos todos los costes inherentes a un proceso de producción (abastecimiento, producción y distribución) en un período de tiempo, obtenemos el coste total de la operación (coste directo). Si a este coste le sumamos los gastos generales y financieros de la empresa (coste indirecto), obtendremos el coste total.

Este coste total tiene dos componentes:

- **Coste fijo**: es el coste estructural de la empresa, no depende del volumen de producción, ni siquiera de si la empresa produce o no. Como ejemplos: sueldos del personal, alquiler de instalaciones, intereses de devolución de deudas, depreciación de los activos, etc.
- **Coste variable**: es el coste en el que incurre la empresa al producir. A medida que aumenta la producción, estos costes aumentan. Como ejemplos: consumo de energía, consumo de materias primas, etc.

Si este coste total lo dividimos entre las unidades de producto fabricadas en un lote concreto, obtenemos el **coste unitario** de los mismos.

3.2.3. Costos medios y costos individualizados a nivel de producto y de cliente

En el caso de una empresa de producción, no siempre se incurre en los mismos costes para todos los lotes de fabricación; como veíamos en la definición de coste variable, a mayor producción mayor coste variable. Además, los gastos generales de cada período de tiempo pueden variar, el coste de adquisición de las materias primas en cada momento del tiempo también, etc.

Si sumamos los costes totales de varios lotes en un periodo determinado de tiempo y lo dividimos entre las unidades producidas en ese periodo, obtendremos el coste medio de producción. Este coste medio es también un coste unitario, pero considerando la media.

La determinación de costes según el sistema ABC (por procesos), nos permite conocer los costes individualizados por producto y por cliente. Proporciona mayor exactitud para conocer estos costes, ya que al conocer el coste de cada proceso en cada momento del tiempo, permite obtener el coste individual de cada producto y el coste asociado a cada cliente.

3.2.4. Utilidad y forma de cálculo

Conocer los costes exactos de los productos nos permiten mejores decisiones estratégicas relacionadas con:

- Determinar el precio del producto.

- Combinar productos o lanzar productos nuevos.
- Establecer políticas adecuadas de compras.

Además, nos otorga una mayor visión sobre las actividades realizadas (debido a que ABC traza el mapa de las actividades y remite los costes correspondientes a las mismas) y por consiguiente le permite a la empresa:

- Concentrarse más en la gestión de las actividades.
- Mejorar la eficiencia de las actividades de alto coste.
- Identificar y reducir las actividades que no proporcionan valor agregado.
- Detectar los clientes que son y que no son rentables.

Conocidos los costes de las actividades, y determinados los inductores de costes para cada una de ellas (teniendo en cuenta que varias actividades pueden compartir el mismo inductor), el coste unitario se determina dividiendo los costes totales de cada actividad entre el número de inductores de costes.

El coste unitario del inductor representa la medida del consumo de recursos que cada inductor ha necesitado para llevar a cabo su misión o, en definitiva, el coste que cada inductor genera dentro de una actividad concreta.

Los productos son fruto de la realización de las actividades y las actividades consumen recursos para poder ser realizadas, siendo los inductores los que relacionan de manera directa a unos y otros. Así se puede saber de manera inmediata el consumo que cada producto ha hecho de cada actividad y conocer el coste producto a producto.

3.2.5. Estrategias operativas que se deducen de los costos individuales

De la identificación de los beneficios que supone la implantación de un sistema de costes ABC, se deducen una serie de estrategias operativas que podemos aplicar:

- Identifica clientes, productos y servicios u otros objetivos de coste no rentables.
- Permite calcular de forma más precisa los costes, fundamentalmente determinados costes indirectos de producción, comercialización y administración.
- Aporta información sobre las actividades que realiza la empresa, permitiendo conocer cuáles aportan valor añadido y cuáles no, dando la posibilidad de poder reducir o eliminar estas últimas.

- Permite relacionar los costes con sus causas, lo que permite su mejor gestión.
- Aporta la relación de causalidad entre factores productivos, actividades y productos.
- Permite el estudio de actividades potenciales y su incidencia en caso de realizarlas.
- Facilita la fijación de precios de venta y el estudio de la introducción de nuevos productos.

3.3. Medición del costo logístico y su impacto en la cuenta de resultados. Costos totales, costos unitarios y costos porcentuales

El desarrollo y optimización de la cadena de suministro está influenciado en gran medida por los costes logísticos por su gran impacto en la rentabilidad de la organización, máxime cuando las ventas son estáticas o están en declive. La labor de la logística es detectar aquellas actividades que no aportan valor y optimizar los costes tiene un reflejo inmediato en las cuentas de resultados.

Esta labor siempre ha de desempeñarse manteniendo un adecuado equilibrio entre costes y nivel de servicio, relacionando efectividad de las entregas y costes de abastecimiento, inventario y transporte.

Como hemos visto, estos costes son los que forman la estructura básica de los costes logísticos. Veamos una relación de las partidas de coste más importantes para cada una de las tres magnitudes de coste logístico.

- **Abastecimiento:**
  - **Costes de pedido**: gastos administrativos de gestión de pedidos, papelería, recepción, sistemas de información, costes del personal del área de compras, oficinas, etc.
  - **Costes de oportunidad por escasez**: costes de paros en la producción por no tener materia prima a tiempo.
  - **Costes de inventario de materia prima**, que recoge: el coste de oportunidad del capital inmovilizado, el coste del almacenaje, el coste de obsolescencia, pérdida o deterioro y el coste de transporte de las materias primas del almacén a los centros de fabricación.
- **Inventario:**
  - **Costes de abastecimiento de inventario**, que recoge los costes de personal y elementos de manutención para recepcionar, inspeccionar y ubicar los pedidos.

- **Costes de mantenimiento de inventario**, costes en los que se incurre para mantener un determinado nivel de inventario durante un periodo de tiempo. Aquí recogemos también el coste de oportunidad del capital invertido en el inventario, el alquiler o la amortización del almacén, todos los consumos de suministros del mismo, seguros, obsolescencia, perdida y deterioro de las mercancías almacenadas, costes de personal, equipos informáticos, vigilancia, etc.
- **Costes de oportunidad por escasez**, en los que se incurre al no poder atender un pedido de cliente por falta de stock, tanto presente (pérdida de esta venta) como futuro (perder al cliente).

- **Transporte y distribución**: en este apartado, es importante distinguir entre si la empresa dispone de vehículos propios o subcontrata a operadores logísticos la gestión y ejecución del servicio.
  - **Con vehículos propios**:

    Costes fijos: costes de personal de conducción y mantenimiento asi como de los encargados de gestionar las cargas, seguros, tarjetas de transporte, formación a conductores, aparcamiento de vehículos, gastos financieros, amortización de los vehículos, medios técnicos para el control del transporte.

    Costes variables: gasóleo, neumáticos, revisiones, averías (y su costes de oportunidad), peajes, dietas de los conductores, teléfonos.
  - **Con vehículos alquilados/empresa de logística**: facturación del proveedor de transporte, personal encargado de gestionar las cargas, medios técnicos para el control del transporte.

Para medir su impacto en la cuenta de resultados, disponemos de los Indicadores de Gestión . Son magnitudes que nos indican el comportamiento o desempeño de un proceso, relacionando dos magnitudes entre sí, mostrando la proporción existente entre ambas.

Veamos cuáles son los indicadores logísticos que nos permiten medir el impacto de los costes logísticos:

- **Coste de la unidad logística**: relación entre el coste total logístico (pedir, almacenar, distribuir)/unidades de producto vendidas. Nos informa sobre el coste logístico por unidad de producto vendida.
- **Coste integral logístico**: relación entre el coste logístico/valor vendido. Nos informa de la proporción o el peso de los costes logísticos sobre el precio de las ventas realizadas en valor porcentual.

Respecto al abastecimiento:

- **Coste de adquisición**: valor de las compras/valor vendido.
- **Costes de pedir**: coste de administración de compras/valor vendido.
- **Coste de la unidad comprada**: total coste de compras/unidades compradas.

Respecto al almacén:

- **Coste de operación**: coste total de funcionamiento del almacén/valor vendido.
- **Coste de la unidad almacenada**: coste del almacén/unidades en inventario.
- **Coste de la unidad servida**: coste del almacén/unidades vendidas.

Respecto al transporte y la distribución:

- **Coste de la unidad transportada**: coste total del transporte/unidades transportadas.

3.4. Estrategia y costos logísticos

Existen diferentes estrategias de optimización que pueden plantearse en cada una de las etapas de la cadena de abastecimiento de la organización y que impactan positivamente los resultados financieros.

El desarrollo en las organizaciones de una estrategia logística competitiva contribuye, como ya hemos señalado en ocasiones anteriores, en la consecución de niveles altos de servicio al cliente con bajos costos logísticos.

3.4.1. Principios básicos al diseñar una estrategia de costos

Según Mikel Mauleón (2006), estos son los principios básicos que deben regir al diseñar una estrategia de costes:

- **Planificación del coste total,** plasmar una visión de conjunto que se pueda particularizar, teniendo muy en cuenta que la suma de los costes parciales no tiene por qué ser el objetivo de coste total.
- **Costes individualizados frente a costes medios.** El sistema de costes ABC permite realizar este cálculo de costes, particularizando el coste por producto y por cliente.
- **Establecer el nivel de calidad que se desea conseguir.** La calidad tiene un coste y hay que tener muy presente que el exceso de calidad no deseada no se aprecia por el cliente (y por consiguiente, no la paga).

- **Minimizar los costes fijos**. Necesario para reducir estructura e introducir así flexibilidad y capacidad de reacción en la empresa.
- **Descomponer en subsistemas y establecer las relaciones entre ellos**. Involucrar a todos los actores de la cadena de suministro, logrando acuerdos de colaboración para simplificar y estandarizar procedimientos.

3.4.2. Urgencias e imprevistos: cómo detectarlos, analizarlos y minimizar su impacto

La turbulencia del ambiente empresarial se manifiesta en la emergencia de sucesos no previstos en los planes estratégicos de las empresas, pero estas se ven obligadas a reaccionar y adaptarse a la nueva situación o se afectaría su razón de ser y el alcance de su visión estratégica.

Si se determinan los parámetros para la medición del impacto de los sucesos imprevistos en la estrategia empresarial, entonces se puede determinar el grado de afectación que ocasionan a esta en la empresa.

En el ámbito externo, la empresa se ve afectada por cambios imprevistos en los precios de las materias primas, en clientes, proveedores y competidores, por decisiones imprevistas en el macro entorno empresarial (regulaciones y medidas a largo, medio y corto plazo en diversas esferas de la acción empresarial), así como la presencia de fenómenos meteorológicos y similares, todos de difícil previsibilidad.

En el ámbito interno, aun cuando el control en la gestión ofrece un conocimiento más profundo de las posibles variaciones en la planificación, no se descarta que aparezcan imprevistos, relacionados con el desempeño de las personas o el funcionamiento de las tecnologías, debido a factores ignorados o descartados.

Se debe determinar por tanto, en la medida de lo posible, qué aspectos se deben contemplar para minimizar el impacto de estos sucesos imprevistos:

- Monitorización constante de las condiciones reales del entorno.
- Vigilancia de las operaciones diarias con implicación estratégica. Si el control no se realiza por todo el rango de trabajadores, sino solamente por los directivos, no se contará con opciones de respuesta viable y rápida ante un imprevisto.
- Flexibilidad en las opciones de respuesta por parte de los propios trabajadores, no fijando límites para actividades de control de sus propias operaciones.

- Actitud de alerta estratégica para la detección temprana de eventos críticos, descentralizando la toma de decisiones ante la aparición de estos eventos.

Analizarlos y medirlos, mediante indicadores.

Minimizar su impacto:

- Detectando las áreas más afectadas y su influencia en los subsistemas de la empresa con el objetivo de destinar los recursos disponibles para minimizar el daño ocasionado.
- Estableciendo un monitoreo constante a los procesos de la empresa para de esta forma actuar con rapidez ante el impacto lo que permitiría minimizar el daño que este pueda ocasionar en la eficacia y calidad de la producción.
- Fomentando las capacidades en los trabajadores ante el impacto de sucesos imprevistos con el objetivo de aumentar su capacidad de percepción y reacción, logrando soluciones novedosas que optimicen los recursos y viabilizando la obtención de una eficiencia lo más cercano a la planificada.

3.4.3. Puntos críticos de la cadena logística donde pueden producirse imprevistos y desviaciones

Veamos ahora cuáles son los puntos críticos de la cadena logística:

- **Abastecimiento**: seguimiento de los pedidos y control del ciclo del pedido.
- **Almacenaje**: realización de todas las operaciones de recepción, almacenaje, preparación y expedición.
- **Distribución**: disposición de una flota suficientemente flexible para adaptarse a la demanda de entregas diarias, controlando tiempo de entrega y nivel de servicio.

3.5. Medidas para optimizar el costo logístico en las diversas áreas: stock, almacenaje, picking, transporte

Stock: planificación del inventario. Establecer el nivel óptimo de existencias teniendo en cuenta el nivel de servicio que se ofrece y el coste que representa.

Previsión adecuada de la demanda, ajustando el nivel de stock de seguridad para evitar roturas de stock y excedentes de inventario.

Almacenaje: planificación de las necesidades. Establecer la capacidad óptima del almacén y los recursos humanos y técnicos necesarios para una correcta gestión del inventario. Minimizar los movimientos y reducir al máximo la pérdida de mercancía.

Picking: planificación de las necesidades. Establecer los recursos necesarios de trabajadores y medios técnicos para realizar la preparación de pedidos sin incidencias ni errores.

Transporte: planificación del volumen y número de envíos entre los diferentes puntos de la red de distribución. Hay que tener en cuenta para ello tanto la definición previa de los distintos elementos que conforman la red de distribución como los tipos de transporte a emplear y el nivel de servicio a prestar.

3.6. Cuadro de control de costos. Pirámide de información del costo logístico

Hemos visto hasta ahora que, una vez detectados y aislados los inductores de coste, imputados a las actividades y cuantificados los recursos que consumen, es necesario planificar y monitorizar los subsistemas de la cadena logística para su optimización y evitar imprevistos.

El cuadro de control de costes es una herramienta que nos permite llevar a cabo esta tarea, haciendo un seguimiento del estado de situación de un sector o proceso de la empresa para poder tomar a tiempo las medidas correctivas necesarias. Sirve para diagnosticar una situación, efectuar un monitoreo permanente (evolutivo y comparativo a la vez) y comunicar los objetivos con el propósito de alinear al personal.

El cuadro de control de costes ha de contener al menos los siguiente ítems:

- Indicadores logísticos de coste.
- Objetivos para estos indicadores.
- Tolerancias.
- Alarmas.
- Acciones correctivas.

Existen distintos tipos de cuadros de control: el directivo, el estratégico, y el operativo, que es el que se encuentra en la base de la pirámide de información de coste logístico.

- **Tablero de Control Operativo**: es aquel que permite hacer un seguimiento, al menos diario, del estado de situación de los procesos de la empresa, para poder tomar a tiempo las medidas correctivas necesarias.
- **Tablero de Control Directivo**: es aquel que permite monitorear los resultados de la empresa en su conjunto y de los diferentes temas claves en que se puede segmentarse. Está más orientado al seguimiento de indicadores de los resultados internos de la empresa en su conjunto y en el corto plazo. Su monitoreo es de aproximadamente cada mes.
- **Tablero de Control Estratégico**: nos brinda la información interna y externa necesaria para conocer la situación y evitar llevarnos sorpresas desagradables importantes respecto al posicionamiento estratégico y a largo plazo de la empresa.
- **Tablero de Control Integral**: información relevante para que la alta dirección de una empresa pueda conocer la situación integral de su empresa. Engloba las tres perspectivas anteriores.

Figura 3.3. Pirámide de información de costos logísticos.

3.7. Ejemplo práctico de cálculo del costo logístico en una operación de comercialización, teniendo en cuenta el costo de compra, los costos de stock, almacenaje y manipulación, el costo de transporte de distribución y los costos administrativos e indirectos

Veamos un ejemplo de una empresa de distribución de electrodomésticos, en su operativa anual de compraventa de neveras, cuyos costes, nivel de inventario y volumen de ventas según la contabilidad financiera son:

COMPRAS	280.000 €
VENTAS	2.000.000 €
EXISTENCIAS	140.000 €
SUELDOS Y SALARIOS	
COMPRAS	36.000 €
ALMACÉN	36.000 €
VENTAS (sueldos comerciales)	36.000 €
ALQUILER NAVE	100.000 €
TRANSPORTE	71.400 €
SUMINISTROS ALMACÉN	30.000 €
GASTOS ADMINISTRACIÓN	
COMPRAS	5.000 €
VENTAS	5.000 €
ALQUILER EQUIPOS MANUTENCIÓN	15.000 €
SEGUROS	3.500 €
INTERÉS: 5 %	
TOTAL COSTES (CONTABILIDAD FINANCIERA)	867.900 €

El personal de almacén se encarga de recibir y ubicar los productos comprados por el departamento de compras, y procesar los pedidos que se suministran por los comerciales de la empresa.

Estimamos que un tercio de los gastos del personal y de los suministros de almacén corresponden a la gestión de compras, un tercio al mantenimiento de inventario y un tercio a los pedidos de los clientes.

El número de unidades vendidas en el período es de 20.000.

El número de unidades compradas en el período es de 20.000.

El número de unidades en almacén es 10.000.

Calculamos ahora el coste logístico total y de los subsistemas/procesos que lo conforman:

COSTE PROCESO ABASTECIMIENTO		**63.000 €**
COSTES DE INVENTARIO	12.000 € + 10.000 €	
COSTES DE PEDIDO	36.000 € + 5.000 €	
COSTE PROCESO INVENTARIO		**147.500 €**
COSTES ABASTECIMIENTO DE INVENTARIO	12.000 € + 10.000 €	
COSTES MANTENIMIENTO DE INVENTARIO	7.000 € + 100.000 € + 15.000 € + 3.500 €	
COSTE PROCESO DISTRIBUCIÓN		**98.400 €**
COSTES DE GESTIÓN DE VENTA	12.000 € + 10.000 € + 5.000 €	
COSTES DE TRANSPORTE	71.400 €	
TOTAL COSTE LOGÍSTICO		**308.900 €**

Calculamos los indicadores logísticos para medir el impacto de los costes logísticos:

COSTE DE LA UNIDAD LOGÍSTICA	Coste total logístico/unidades vendidas	308.900 €/20.000 = **15,45 €/ unidad**
COSTE INTEGRAL LOGÍSTICO	Coste total logístico/valor vendido (porcentual)	308.900 €/2.000.000 € = **15** %
COSTE DE PEDIR	Costes de administración de compras/valor vendido (porcentual)	(36.000 + 5.000) €/ 2.000.000 € = **2,05** %
COSTE DE LA UNIDAD COMPRADA	Coste de abastecimiento/ unidades compradas	(36.000 + 5.000 + 12.000 + 10.000) €/20.000 = **3,15 €/ unidad**
COSTE OPERACIÓN ALMACÉN	Coste total almacén/valor vendido (porcentual)	147.500 €/ 2.000.000 €= **7,35** %
COSTE DE LA UNIDAD ALMACENADA	Coste total del almacén/unidades en inventario	147.500 €/10.000 = **14,75 €/ unidad**
COSTE DE UNIDAD SERVIDA	Coste total de almacén/unidades vendidas	147.500 €/20.000 = **7,38 €/unidad**
COSTE DE UNIDAD TRANSPORTADA	Coste total de transporte y distribución/unidades transportadas	98.400 €/20.000 = **4,92 €/unidad**

Resumen

Los **costes logísticos** engloban todos aquellos costes de las actividades de la empresa adheridos a las funciones de gestión y control de los flujos de materiales e información.

Estrategias para reducir la variabilidad:

- Establecer acuerdos de nivel de servicio entre cliente y proveedor.
- Implementar indicadores estratégicos.
- Implementar estrategias de demanda combinadas pull-push.
- Estudiar la reversibilidad en ciertas operaciones.

Componentes del costo logístico:

- Costes de inventario, o costes de stock.
  - Coste de la inversión en inventario.
  - Primas de seguros.
- Costes de almacenaje:
  - **Coste del espacio:**
    - Alquiler/amortización.
    - Financiación.
    - Mantenimiento y reparaciones.
    - Seguros.
    - Impuestos.
  - **Coste de los medios:**
    - Equipos de manutención: carretillas, estanterías, equipos informáticos y técnicos, etc.
    - Personal: sueldos y salarios, Seguridad Social, etc.
  - **Costes del proceso de picking:**
    - Costes de personal.
    - Costes de equipos de manutención.

— **Costes de envasado y embalado:**

- Equipos de manutención: carruseles, mesas de preparación, maquinas de envasado y embalado, etiquetas e impresoras, básculas, etc.
- Personal: sueldos y salarios, Seguridad Social, etc.
- Envases, embalajes y elementos auxiliares del embalaje.

— **Costes de transporte**

- Transporte nacional:
  -- Larga distancia: peso/volumen/distancia.
  -- Distribución capilar: peso/volumen.

— **Transporte Internacional: (Incoterm)**

- Comisión del Agente de Aduanas (origen y destino).
- Embalajes (contenedores marítimos, aéreos, etc.).
- Documentación de exportación/importación.
- Seguros.
- Manipulación (operaciones de carga, descarga y almacenamiento).
- Tasas aéreas y portuarias.
- Aranceles.

Costes directos: todos aquellos costes directamente atribuibles a las áreas de almacenaje, inventario, transporte y distribución y gestión directa de dichas áreas.

Costes indirectos: coste de aquellos recursos compartidos por varios departamentos en la empresa.

Costes vinculados al flujo físico de mercancías:

- Transporte de abastecimiento y distribución.
- Almacenamiento (equipos de manutención).
- Medios tecnológicos y humanos para la gestión del transporte y el almacén.
- Financieros.

Costes vinculados al flujo de información:

- Procesamiento de pedidos.
- Seguimiento y control de las entregas.
- Resolución de incidencias.

- Medios tecnológicos y humanos para la gestión del flujo de información.
- Financieros.

Costes vinculados al capital logístico:

- Inventarios.
- Almacenes.
- Vehículos de transporte.
- Financieros.

Costes estructurales imputables a la gestión logística:

- Gerenciales.
- Administración general.
- Seguros.
- Financieros.

Despilfarro:

- Pérdida de valor del inventario por deterioro u obsolescencia.
- Mermas de inventario.
- Costes de devoluciones:
  - — Transporte.
  - — Reembalaje.
  - — Reubicación en los almacenes.
  - — Remanufacturación de los productos.
  - — Costes administrativos derivados.
  - — Costes financieros derivados.

Sistema ABC de costes: los costes se calculan según el proceso o actividad que los genere y para el cual sean necesarios.

- Identificar todas las actividades.
- Definir los inductores de coste.
- Cuantificar los recursos consumidos por las actividades.
- Establecer bases de medida y control de las actividades.
- Trasladar el coste de las actividades al coste de los productos o servicios obtenidos.

Coste de oportunidad logístico es aquel en el que se incurre por:

- Las ventas que se dejan de realizar, por retrasos en el suministro.
- No tener el producto en existencia cuando se demanda.
- Tener demasiado producto en existencia.
- No atender al cliente antes de que decida marcharse y comprar el producto en otro sitio.

Coste total: suma de todos los costes inherentes a un proceso de producción (abastecimiento, producción y distribución) en un período de tiempo (coste directo) y los gastos generales y financieros de la empresa (coste indirecto) imputables a ese período.

- **Coste fijo:** es el coste estructural de la empresa.
- **Coste variable:** es el coste en el que incurre la empresa al producir.

Coste unitario: coste total dividido entre las unidades de producto fabricadas en un lote concreto.

Coste medio de producción: suma de los costes totales de varios lotes en un periodo determinado de tiempo dividido entre las unidades producidas en ese periodo.

Sistema ABC (por procesos), nos permite conocer los **costes individualizados por producto y por cliente**. Proporciona mayor exactitud para conocer estos costes, ya que al conocer el coste de cada proceso en cada momento del tiempo, permite obtener el coste individual de cada producto y el coste asociado a cada cliente.

Indicadores

- **Coste de la unidad logística**: relación entre el coste total logístico (pedir, almacenar, distribuir)/unidades de producto vendidas. Nos informa sobre el coste logístico por unidad de producto vendida.
- **Coste integral logístico**: relación entre el coste logístico/valor vendido. Nos informa de la proporción o el peso de los costes logísticos sobre el precio de las ventas realizadas en valor porcentual.

Respecto al abastecimiento:

- **Coste de adquisición:** valor de las compras/valor vendido.
- **Costes de pedir**: coste de administración de compras/valor vendido.
- **Coste de la unidad comprada:** total coste de compras/unidades compradas.

Respecto al almacén:

- **Coste de operación**: coste total de funcionamiento del almacén/valor vendido.
- **Coste de la unidad almacenada**: coste del almacén/unidades en inventario.
- **Coste de la unidad servida**: coste del almacén/unidades vendidas.

Respecto al transporte y la distribución:

- **Coste de la unidad transportada**: coste total del transporte/unidades transportadas.

Principios básicos del diseño de estrategia de costes:

- Planificación del coste total.
- Costes individualizados frente a costes medios.
- Establecer el nivel de calidad que se desea conseguir.
- Minimizar los costes fijos.
- Descomponer en subsistemas y establecer las relaciones entre ellos.

Puntos críticos de la cadena logística. Imprevistos y desviaciones:

- **Abastecimiento**: seguimiento de los pedidos y control del ciclo del pedido.
- **Almacenaje**: realización de todas las operaciones de recepción, almacenaje, preparación y expedición.
- **Distribución**: disposición de una flota suficientemente flexible para adaptarse a la demanda de entregas diarias, controlando tiempo de entrega y nivel de servicio.

Medidas para optimizar el coste logístico:

- **Stock**: planificación del inventario.
- **Almacenaje**: planificación de las necesidades.
- **Picking**: planificación de las necesidades.
- **Transporte**: planificación del volumen y número de envíos entre los diferentes puntos de la red de distribución.

Cuadro de control de costes:

- Indicadores logísticos de coste.
- Objetivos para estos indicadores.

- Tolerancias.
- Alarmas.
- Acciones correctivas

Autoevaluación

3.1. Los costes logísticos engloban:

a) Todos los costes derivados de la gestión de la cadena de suministro.

b) Todos aquellos costes de las actividades de la empresa adheridos a las funciones de gestión y control de los flujos de materiales e información.

c) Todos los costes de la empresa.

d) Todos los costes del transporte y la distribución.

3.2. ¿El coste de inventario es un coste logístico?

a) Sí.

b) No.

c) No, porque el inventario es la inversión de la empresa en materias primas o producto terminado, no un coste.

d) No, porque el inventario no está gestionado por el departamento de logística.

3.3. ¿Han de imputarse costes estructurales a los costes logísticos?

a) No, porque son gastos generales de la empresa, no costes generados por la gestión logística.

b) Sí, porque son en su totalidad, costes generados por la gestión logística.

c) No, porque el salario del director general nada tiene que ver con los costes logísticos.

d) Sí, porque son costes indirectos imputables en su contribución o implicación en el desarrollo de actividades logísticas, a la gestión logística.

3.4. El sistema ABC de costes consiste en:

a) La clasificación de los costes según la regla de Pareto.

b) El cálculo de costes según el proceso o actividad que los genere y para el cual sean necesarios.

c) El cálculo de costes según el coste medio de fabricación de los productos.

d) El cálculo del coste total de la empresa.

Actividades prácticas

3.1. Somos el director de un centro de distribución de una empresa y el gerente de la empresa nos solicita un análisis de la rentabilidad de cada producto del último año.

El gerente de ventas nos proporciona la siguiente información:

- El precio de venta unitario de sus tres categorías fueron:
  - Categoría 1: 15,80 €/unidad.
  - Categoría 2: 21,10 €/unidad.
  - Categoría 3: 23,30 €/unidad.
- Los costes de administración y ventas fueron un 10,5 % del precio de venta de cada categoría.

Nosotros tenemos la siguiente información:

- Los costes totales de la operación del centro de distribución fueron 3.124 € al año y el año pasado se entregaron 3.990 unidades.
- Los costes de la mercancía vendida respectivamente por categoría son el 58 %, 51 % y 63 %.
- Las unidades vendidas y expedidas de cada categoría son:
  - Categoría 1: 905 unidades vendidas.
  - Categoría 2: 2.320 unidades vendidas
  - Categoría 3: 765 unidades vendidas.
- Los volúmenes de cada categoría son:
  - 0,019 m^3 por unidad para la Categoría 1.
  - 0,080 m^3 por unidad para la Categoría 2.

— 0,045 m^3 por unidad para a Categoría 3.

- Los costes de transporte son 10.320.

Elabora una cuenta de Pérdidas y Ganancias por producto y averigua cuál es el producto más rentable.

RENTABILIDAD PRODUCTO	**PRODUCTO 1**	**PRODUCTO 2**	**PRODUCTO 3**
BRUTO VENTAS			
COSTE DIRECTO PRODUCTO			
MARGEN BRUTO PRODUCCIÓN			
COSTES ADMINISTRACION Y VENTAS			
COSTES CENTRO DE DISTRIBUCIÓN			
COSTES TRANSPORTE			
RENTABILIDAD PRODUCTO			

4. Redes de distribución

Introducción

Sabemos que la gestión de la cadena logística se ha convertido en elemento de carácter estratégico en el mundo empresarial de la actualidad.

Dentro de la misma se destaca, por su impacto en los clientes y peso de los costes, el subsistema de distribución, no solo como factor clave de la gestión, sino como un elemento diferenciador.

Veamos a continuación, según Chávez, García y Zaldívar (2011), las fases para el diseño e implementación de una red de distribución logística, centrándose en la red de transporte:

"Fase I: diagnóstico del sistema de distribución

En esta fase inicial del procedimiento se comienza efectuando un análisis del sistema actual, el cual se tomará como base para el diseño de la red.

Paso 1: inventario del equipamiento actual

Como punto de partida se realiza un inventario del equipamiento con que cuenta la organización objeto de estudio. Se debe conocer la cantidad de equipos, la descripción de los mismos, su capacidad dinámica, el consumo de combustible por kilómetro recorrido, además de otros indicadores que se consideren pertinentes para caracterizar el parque de equipos con que cuenta la entidad, con el objetivo de diseñar la red logística.

Paso 2: obtener información de la organización actual del sistema de distribución

Una vez que se logra inventariar el parque de equipos, se procede a obtener información del estado actual del sistema de distribución, del procedimiento y del 'cómo lo están haciendo'. El objetivo de este paso es reunir información de los elementos que se consideren importantes a tener en cuenta para el diagnóstico del sistema; se debe recopilar información del personal implicado en la actividad logística de distribución, se recomienda consultar a chóferes, trabajadores de control de flota, mantenimiento y transporte. Es vital contar con elementos que reflejen por los implicados directos en este proceso su valoración del estado del sistema e identificar los factores susceptibles a mejorar según el criterio de los mismos.

Paso 3: descripción y análisis de mapas del territorio objeto de estudio

Para el diseño de sistemas de distribución, se ha generalizado el empleo de mapas. En este paso se deben emplear para la representación de los orígenes y los destinos.

Paso 4: descripción de la ruta existente

Una vez que ya se tienen ubicados en el mapa los orígenes y los destinos, se trazan las rutas existentes sobre el mapa. De la ruta debe especificarse las distancias entre cada uno de los puntos, por lo que se recomienda elaborar una matriz de distancias, así como describir los puntos y la secuencia del recorrido a través de la construcción de la red logística.

Paso 5: investigación de la vialidad

Para valorar alternativas se hace necesario efectuar un análisis de la vialidad, con el objetivo de conocer si la ruta que se sigue actualmente es la única posibilidad o si existen otras variantes de acceso para realizar un nuevo diseño de la red de distribución. La vialidad puede ofrecer información para apoyar la toma de decisiones sobre la base de diversos elementos como: los sentidos de las calles, la capacidad permisible de tonelaje transitable, tipos y estado de las carreteras, condiciones meteorológicas invernales y otros que sirvan de fuente de información fiable.

Paso 6: estudio de tiempos de recorrido

Es muy importante contar con información sobre el tiempo que demora en cada recorrido entre los diferentes elementos que componen la ruta de distribución. Para ello es favorable realizar análisis retrospectivos. En aquellas entidades que cuenten con sistema de GPS se facilita la obtención de datos para efectuar este tipo de estudio, en aquellas que no cuenten con esta tecnología se deberá realizar mediante el análisis de los documentos de los chóferes donde describen el tiempo empleado para trasladarse de un punto a otro (disco tacógrafo, partes de trabajo, etc.). Se recomienda elaborar una base de datos para procesar esta información, y aplicar herramientas estadísticas para obtener la descripción de los datos con medidas de tendencia central para el estudio de los tiempos de recorrido.

Paso 7: estudio de la demanda por segmentos y por clientes

Se debe efectuar un estudio de las necesidades de los clientes, cuantificando su demanda, y desglosarla por tipos de productos y servicios (normal, urgente, etc.). Para ello se debe clasificar si la demanda es regular, o sea, con patrones cuantitativos y cualitativos estables y homogéneos; o si es una demanda irregular donde esos patrones son inestables o heterogéneos. Para estos últimos se considera factible aplicar análisis prospectivos sobre la base de datos por series temporales, para llegar a la proyección de la demanda con márgenes confiables. El objetivo fundamental de este paso es asignar valores fiables de demanda a los clientes, para conocer las necesidades reales de distribución de mercancías.

Paso 8: estudios de costos

Como último paso de esta fase se culmina con un estudio de costos asociado al sistema de distribución actual. Se cuantifica los gastos asociados a la fuerza de trabajo por concepto de salario, a los medios de trabajo, a través de diversos indicadores económicos como pueden ser gasto de combustible, depreciación, entre otros.

Fase II: Diseño de la red logística

Esta fase es donde se plantean las mejoras al sistema de distribución, sobre la base del diagnóstico se elabora la ruta propuesta y se analiza su factibilidad.

Paso 9: descripción de la ruta propuesta

Con toda la información analizada en la fase anterior se procede a diseñar la ruta que será propuesta.

Los métodos para realizarla pueden ser diversos, los mismos se clasifican en tres grupos: de prueba y error; heurísticos y meta heurísticos; y los denominados de optimización. Los más empleados son los dos primeros, ya que los métodos de optimización no garantizan encontrar la solución exacta en un tiempo razonable cuando el número de clientes es grande. Dentro de los métodos de prueba y error se señala como uno de los más utilizados el del Barrido; dentro del los heurísticos se encuentran el Método del agente viajero, Método de los ahorros; Método de emparejamientos y Heurístico de mejora de multirutas. Dentro de los meta heurísticos se destacan: Algoritmos de hormigas; Programación restringida; Recocido simulado; Algoritmos genéticos; Búsqueda tabú; Tabú granular y el procedimiento de memoria adaptativa. El empleo de programas informáticos ha demostrado ser muy factible para la solución de muchos de esto métodos, por lo que se recomienda su uso en aras de simplificar tiempo y minimizar posibles errores.

Método del barrido

La naturaleza de su procedimiento resulta muy práctica, dado que obedece al sentido lógico que requiere un análisis de rutas. Constituye quizás la herramienta que mayor empleo posee en la práctica, dado que el propio sentido común lleva a su concepción. Se recomienda en situaciones relativamente sencillas para el profesional encargado de trazar las rutas y en aquellos casos en que las distancias entre los puntos a recorrer son similares, tanto a la ida como al regreso, por lo que la mayor atención se dirige hacia la cantidad de materiales o productos que deben ser distribuidos y la capacidad estática de los medios de transporte seleccionados.

Método del agente viajero

Es un método muy conocido y utilizado para definir rutas de distribución y, a diferencia del Método del Barrido, considera las distancias entre los diferentes puntos a distribuir, estableciendo secuencias de recorrido. Existe una gran cantidad de variantes de este procedimiento, muchas de las cuales pueden considerarse como métodos de optimización, aplicables fundamentalmente cuando no son muchos los puntos a distribuir. Sin embargo, la complejidad de las mismas y la limitación en cuanto al número de puntos, hizo que se desarrollaran toda una gama de procedimientos basados en reglas heurísticas, que si bien no siempre ofrecen un resultado óptimo, si permiten lograr buenos resultados de una manera mucho más rápida.

Otro método intuitivo podría ser el método del vecino más cercano. En este caso las rutas se construyen secuencialmente, añadiendo en cada paso el cliente que se encuentre a menor distancia del último cliente insertado.

Método de los ahorros

Desarrollado por Clarke y Wright en 1963 (Clarke y Wright, 1964), se basa en una idea muy simple: si se debe llevar una determinada mercancía desde Pamplona a Zaragoza y otra desde Pamplona a Teruel, no se harán dos viajes diferentes, cada uno de ellos de ida y vuelta, desde Pamplona a cada uno de los destinos citados. En su lugar se realiza un único viaje saliendo de Pamplona pasando por Zaragoza y Teruel y regresando a Pamplona. Este concepto de ahorro de distancia, tiempo y costes, es precisamente en el que se basa el método de los ahorros. Es la aplicación del sentido común a la hora de construir rutas de transporte.

Cabe destacar, por último, que la selección del método a aplicar deberá estar en función del grado de complejidad del problema a resolver, por lo que no es recomendable el uso de técnicas muy sofisticadas para problemas que no lo requieran.

Paso 10: análisis de la factibilidad del diseño

Luego de ser diseñada la ruta por el método seleccionado, se procede a efectuar un análisis de la factibilidad del mismo, donde se deben destacar los elementos de la nueva ruta que demuestran una mejora con respecto al diseño anterior, destacando la distancia y el tiempo de recorrido como variables básicas a analizar, aunque pueden incluirse otros elementos específicos de la organización. Estos análisis en la medida de lo posible deben contener un estudio económico que avale su condición para su diseño e implementación.

Paso 11: desarrollo del sistema informativo

Como último paso de la fase se recomienda el desarrollo de un sistema informativo que contribuya a facilitar los procesos de captura de datos, procesamiento, análisis, presentación y conservación de la información, como elementos adecuados para el soporte a la toma de decisiones en torno al sistema de distribución.

Para el desarrollo del mismo se deben identificar los sujetos, objetos y medios del sistema informativo. Se pueden emplear las herramientas informáticas más favorables de acuerdo a las características de la empresa y su tecnología implementada.

Fase III: Implementación de la red logística

Como última fase del procedimiento se propone la implementación de la red logística diseñada. El éxito de la misma puede depender en gran medida de los factores inhibidores que imponen las barreras para el cambio, dadas por el querer, poder (que implica el saber y el tener) y el querer cambiar.

Paso 12: implementación de la nueva red logística

Para la implementación de la nueva red logística se propone realizarla a través de sesiones donde intervengan todos los implicados en el proceso de distribución, desde la alta gerencia hasta los chóferes, comunicándoles la factibilidad del nuevo diseño, en aras de darle un tratamiento al cambio y minimizar los efectos resistentes.

Una vez realizado este proceso se debe trazar un plan de acción con hitos temporales, para asegurar la correcta implantación del diseño, definiendo las acciones, los responsables, las fechas de cumplimiento y los indicadores de medida.

Paso 13: medición y análisis

Como paso concluyente del procedimiento se propone el monitoreo y análisis del nuevo sistema con el objetivo de evaluar los resultados de la red logística implementada para la mejora continua del sistema de distribución".

4.1. Diferentes modelos de redes de distribución

El modelo de distribución es la infraestructura física de la que dispone la empresa para situar sus productos en el mercado. Este modelo dependerá de la naturaleza del negocio, las características del mercado, los servicios ofrecidos y, muy importante, de las condiciones geográficas e industriales en que se desarrolla.

4.1.1. Directa desde fábrica a cliente

Supone la entrega directa del producto desde el fabricante al consumidor. Se utiliza sobre todo en empresas que sirven sobre pedido o para productos cuyo diseño o fabricación se hace por encargo.

El punto más importante de este modelo de distribución es que evita mantener una infraestructura de almacenaje, solo es necesario el transporte. En este caso, los medios de transporte necesarios son variados, adaptados al volumen y peso del pedido.

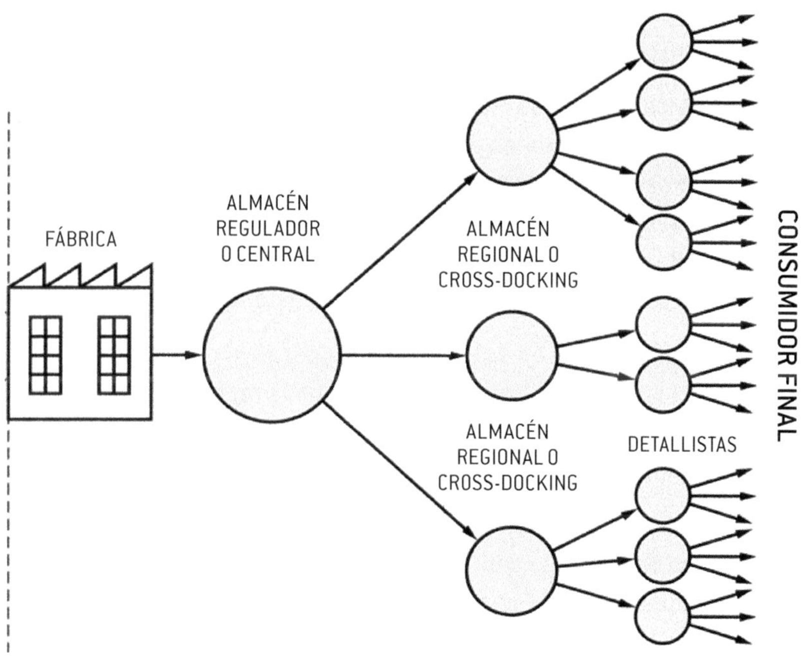

Figura 4.1. Modelos de distribución.

4.1.2. Directa a través de un almacén regulador

Los almacenes reguladores o almacenes centrales son aquellos que están vinculados directamente con el proceso productivo, ya que absorben directamente los flujos de salida de material de fábrica. Su flujo de salida es directo a clientes (suelen ser distribuidores, delegaciones o grandes clientes, no consumidores finales).

Mantienen un nivel de stock centralizado, común y agregado para todas las ventas de la empresa. La determinación de este stock puede ser pull o push, dependiendo de la política comercial de la empresa.

Los flujos de entrada y salida suelen ser en tráiler completo y como unidad de almacenaje y carga, el palet.

4.1.3. Distribución escalonada

Este modelo de distribución se basa en uno o varios almacenes reguladores que reciben la producción directamente desde las fábricas o proveedores, para posteriormente entregarse a almacenes regionales donde se realizará la distribución final a cliente. Su objetivo es aproximar el producto a los puntos de consumo.

Supone tener una infraestructura de almacenes y transporte interalmacenes que complica su gestión.

Los pedidos de los clientes se realizan directamente en los almacenes regionales que a su vez se aprovisionan de los almacenes centrales. En los almacenes regionales, además de la operativa de almacén, es común la realización de otras operaciones que aportan valor, como la ruptura de la unidad de carga palet y su almacenamiento en unidades más pequeñas, el embalaje de unidades de producto, la preparación de pedidos a clientes y su posterior distribución capilar.

Mención especial merece en este modelo la operativa cross-docking. Cross-docking es un sistema de distribución en el que la mercancía recibida en un centro de distribución no es almacenada sino preparada inmediatamente para su próximo envío.

Supone la transferencia de las entregas desde el punto de recepción directamente al punto de entrega, con un periodo de almacenaje limitado o inexistente. Se necesita una gran sincronización entre todos los flujos entrantes y salientes.

El cross-docking se caracteriza por manejar plazos muy cortos y simplifica el modelo de distribución escalonada al reducir o eliminar los almacenes regionales.

Consiste en la desconsolidación de las cargas recibidas del almacén central, el fraccionamiento de las mismas por pedido y/o cliente y su posterior consolidación para el envío. Se utiliza cuando no es necesaria ninguna operación auxiliar de acondicionamiento para la mercancía (embalajes adicionales, packaging, etc.).

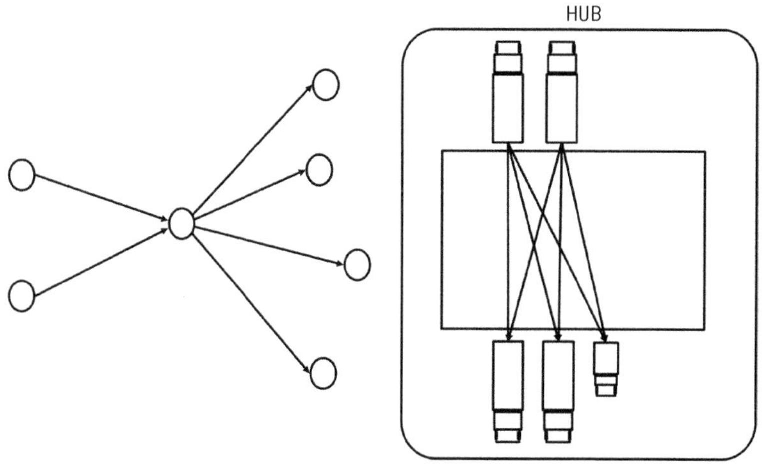

Figura 4.2. Cross-docking "puro".

4.1.4. Outsourcing en la distribución

Cuando la distribución supone tener una infraestructura de almacenes y transporte inter almacenes que complica su gestión y aporta gran peso a los costes fijos, muchas empresas valoran el outsourcing de su subsistema de distribución (en todo o en parte), utilizando la externalización de servicios logísticos.

El alto grado de especialización y conocimiento de los operadores logísticos, junto con el reparto de costes entre diversos fabricantes por compartir recursos y su consiguiente incremento de productividad, supone que muchas empresas opten por externalizar su proceso de distribución, desde simplemente el transporte a todas las actividades de almacenaje, transporte y flujo de información.

Entre las ventajas de externalizar el subsistema, encontramos:

- Disminución del número de interlocutores para las expediciones, al interaccionar únicamente empresa y operador logístico.
- La ya señalada reducción de costes por el reparto con otros fabricantes, tanto de almacenaje como de transporte.
- Disminución, para los clientes, el número de interlocutores para la realización de pedidos, ya que es el operador quien recibe todos los pedidos de distintos fabricantes (véase caso Amazon).

- Incrementa el volumen de pedido y la frecuencia de recepciones ya que permite optimizar la mercancía de varios fabricantes a un único cliente. Esto es, un incremento de productividad.

Silke Baraona, subgerente de ventas de 3PL, habla de aquellas empresas que externalizan la gestión completa y señala que "el operador logístico utiliza sus propios métodos, sistemas y recursos para realizar el proceso, y la empresa que contrata el servicio se preocupa de controlar al operador en función de resultados, a través de índices de desempeños (KPI)".

Debemos establecer la diferencia entre outsourcing y la subcontratación, en esta línea, Barahona afirma que "en el caso del outsourcing, la empresa que presta el servicio, lo hace de acuerdo a sus propios sistemas y procedimientos. En cambio, en el caso de la subcontratación, los procesos son realizados bajo los procedimientos, sistemas y supervisión de la empresa que contrata el servicio".

En un estudio realizado por la organización Caps Research (Outsourcing Strategically for Sustainable Competitive Advantage, de Robert M. Monczka, William J. Markham, John D. Blascovich y John D. Blascovich), se recogen los motivos más importantes para llevar a cabo una externalización y las razones por las que no se debe externalizar:

- Razones por las que sí se debería subcontratar
  - Por razones de coste: 89 %.
  - Para que la empresa pueda centrarse en sus competencias: 81 %.
  - Para incrementar la flexibilidad y la respuesta: 60 %.
- Razones por las que no se debería subcontratar
  - Pérdida del control (72 %).
  - Las actividades no externalizadas son core business o "corazón del negocio" (el conjunto de actividades que definen, caracterizan y diferencian a una empresa): 72 %.
  - Proteger la propiedad intelectual: 68 %.
  - Política o filosofía de la empresa: 53 %.

4.2. Cálculo del costo logístico de distribución en los diferentes modelos

Dependiendo del modelo de distribución necesario para atender el mercado, la empresa incurrirá en unos costes u otros dependiendo de los recursos y las actividades a realizar en el subsistema. Veamos a continuación qué recursos son necesarios para cada modelo de distribución visto anteriormente:

- **Distribución directa de fábrica a cliente.** En este caso, incurriremos en costes de transporte, que tendrán un componente fijo de peso si utilizamos medios de transporte propios, o totalmente variables si subcontratamos el servicio a operadores de transporte. Además, añadiremos los costes de gestión del transporte y los costes generales imputables.
- **Distribución a través de un almacén regulador.** Además de los costes anteriores, tendremos que considerar los costes del almacenaje y los costes de inventario.
- **Distribución escalonada.** En este caso, la estructura de distribución aporta mucho peso a los costes, siendo estos los mismos que los de distribución a través de almacén regulador, pero multiplicados por el número de almacenes regionales a gestionar, el inventario en cada uno de ellos y el transporte inter almacenes que se genera. Además, los costes de gestión logística también sufren un fuerte incremento.
- **Outsourcing de la distribución.** En este caso, el coste a soportar es el del operador logístico, añadiendo únicamente los costes de interlocución y control del operador.

4.2.1. Costo financiero del costo

En este capítulo, cobra gran importancia el **coste financiero del inventario**, que se define como el coste de oportunidad que supone tener recursos financieros inmovilizados en la inversión de las existencias de producto terminado. También se denomina coste de tenencia del stock. Normalmente se calcula como el interés financiero que pagaría la empresa si pidiera dinero prestado para adquirir ese stock.

Además, añadimos a este coste todos aquellos costes financieros derivados o bien del coste de oportunidad de la inversión realizada en almacenes o del coste de financiación del capital que se pide para la adquisición o construcción de los mismos.

También tendremos en cuenta el coste financiero de la adquisición de vehículos propios, si es el caso, de la adquisición de equipos de manutención y almacenaje, y en general de todos aquellos elementos estructurales que constituyen un factor de coste en la logística.

4.2.2. Costo de almacenaje

- **Coste del espacio**, entendido como el conjunto de gastos derivados de la utilización de un recinto donde se almacenan los productos terminados:
  - — Alquileres.
  - — Amortizaciones.
  - — Financiación.
  - — Mantenimiento y reparaciones de edificios.
  - — Seguros de edificios.
  - — Impuestos.

  La unidad de medida para estos costes es el importe total de los mismos entre los metros cuadrados del almacén, por unidad de tiempo.

- **Coste de las instalaciones**, coste de aquellos elementos inmovilizados necesarios para la realización de la actividad de almacenaje:
  - — Muelles de carga y descarga, y sus puertas.
  - — Estanterías.
  - — Palets y contenedores.
  - — Iluminación.
  - — Seguridad.
  - — Reparaciones y mantenimiento.
  - — Financiación.

  La unidad de medida para estos costes es el importe total de los mismos entre la capacidad máxima de almacenamiento del mismo, generalmente medida en huecos de palet.

- **Coste del inventario:**
  - — Financiero (coste de oportunidad).
  - — Seguros (incendio, robo, etc.).
  - — Costes ocultos (obsolescencia, caducidad, roturas, mermas, etc.).

  La unidad de medida. Suelen valorarse de dos formas, siempre tomando como unidad temporal un año (o ejercicio económico):

  - — Suma de los anteriores costes entre kilogramos almacenados.
  - — Suma de los anteriores costes entre valor medio de la mercancía almacenada.

4.2.3. Costo de preparación de pedidos

- **Coste de manipulación**, coste de aquellos medios, tanto técnicos como humanos, necesarios para las operaciones del almacén:
  - — Sueldos y salarios (mozos de almacén, responsables, administración).
  - — Carretillas elevadoras.
  - — Traspaletas.
  - — Caminos de rodillos para transportar los materiales.
  - — Máquinas de enfardado, embalado, etiquetado.
  - — Radiofrecuencia y SGA.
  - — Embalajes.
  - — Alquiler.
  - — Amortización.
  - — Financieros.

  La unidad de medida para este coste es la suma total de los mismos, entre el número de unidades extraídas para su venta.

4.2.4. Costo de transporte tanto de larga distancia como de reparto final

En los **transportes de larga distancia**, independientemente del modo de transporte utilizado (camión, ferrocarril, avión), los costes están ligados directamente al peso, volumen y distancia a recorrer.

Si este transporte se realiza con medios propios, el cálculo del coste se dificulta enormemente (amortización de vehículos, sueldos y salarios de los conductores, mantenimiento, reparaciones por averías, gasóleo, tiempos de carga y descarga, paralizaciones, etc.). Si se subcontrata, el coste del mismo vendrá determinado por la factura del operador de transporte. A estos debemos añadir el coste de organización de dichos transportes.

Para medir este coste, se utiliza la relación de coste total entre volumen, kilómetros y kilogramos.

En el **transporte de reparto final**, o transporte capilar, los costes están ligados directamente al peso, volumen y número de repartos a realizar.

El cálculo del coste se dificulta, igual que en larga distancia si no se utilizan operadores de transporte. Si se subcontrata, el coste del mismo vendrá determinado por la factura del operador de transporte. A estos debemos añadir el coste de organización de dichos transportes.

Para medir este coste, se utiliza la relación de coste total entre volumen, kilogramos y número de entregas a realizar.

4.2.5. El costo del outsourcing

El outsourcing logístico de la distribución aporta a la empresa una flexibilidad y un nivel de especialización que sería difícil y costoso alcanzar con medios propios.

En este caso, el costo de externalizar las operaciones logísticas de distribución vendrá marcado por la factura del operador logístico, más el coste del personal propio encargado de la interlocución con el mismo y de su control.

Resumen

Fases de implementación de un modelo de distribución:

Fase I: diagnóstico del sistema de distribución

- Paso 1: inventario del equipamiento actual.
- Paso 2: obtener información de la organización actual del sistema de distribución.
- Paso 3: descripción y análisis de mapas del territorio objeto de estudio.
- Paso 4: descripción de la ruta existente.
- Paso 5: investigación de la vialidad.
- Paso 6: estudio de tiempos de recorrido.
- Paso 7: estudio de la demanda por segmentos y por clientes.
- Paso 8: estudios de costos.

Fase II: diseño de la red logística

- Paso 9: descripción de la ruta propuesta.
- Paso 10: análisis de la factibilidad del diseño.
- Paso 11: desarrollo del sistema informativo.

Fase III: implementación de la red logística

- Paso 12: implementación de la nueva red logística.
- Paso 13: medición y análisis.

Directa desde fábrica a cliente: entrega directa del producto desde el fabricante al consumidor. Se utiliza en empresas que sirven sobre pedido o para productos cuyo diseño o fabricación se hace por encargo. Solo es necesario el transporte.

Directa a través de un almacén regulador: los almacenes reguladores o almacenes centrales son aquellos que están vinculados directamente con el proceso productivo, absorben directamente los flujos de salida de material de fábrica.

- Mantienen un nivel de stock centralizado.
- Los flujos de entrada y salida suelen ser en tráiler completo y como unidad de almacenaje y carga, el palet.

Distribución escalonada: se basa en uno o varios almacenes reguladores que entregan a almacenes regionales donde se realizará la distribución final a cliente. Su objetivo es aproximar el producto a los puntos de consumo.

- Almacenes regionales, se hacen otras operaciones que aportan valor: como la ruptura de la unidad de carga palet y su almacenamiento en unidades más pequeñas, el embalaje de unidades de producto, la preparación de pedidos a clientes y su posterior distribución capilar.
- Operativa cross-docking. Consiste en la desconsolidación de las cargas recibidas del almacén central, el fraccionamiento de las mismas por pedido y/o cliente y su posterior consolidación para el envío.

Outsourcing en la distribución: el alto grado de especialización y conocimiento de los operadores logísticos, junto con el reparto de costes entre diversos fabricantes por compartir recursos y su consiguiente incremento de productividad, supone que muchas empresas opten por externalizar su proceso de distribución, desde simplemente el transporte a todas las actividades de almacenaje, transporte y flujo de información.

Cálculo del costo logístico de distribución en los diferentes modelos:

- **Distribución directa de fábrica a cliente**:
  - — Costes de transporte.
  - — Costes de gestión del transporte.
  - — Costes generales imputables.
- **Distribución a través de un almacén regulador**:
  - — Costes del almacenaje.
  - — Costes de inventario.
  - — Costes de transporte.
  - — Costes de gestión del transporte.
  - — Costes generales imputables.
- **Distribución escalonada**. Multiplicados por el número de almacenes regionales a gestionar, el inventario en cada uno de ellos y el transporte inter almacenes que se genera.
- **Outsourcing de la distribución.**
  - — Coste facturado del operador logístico.
  - — Costes de interlocución y control del operador.

Autoevaluación

4.1. Las fases de implementación de un sistema de distribución son:

a) Diagnóstico, diseño, implementación.

b) Diseño e implementación.

c) Simplemente la implementación.

d) Ninguna de las anteriores.

4.2. La distribución escalonada supone:

a) La forma de gestión más sencilla, ya que controlamos todo el subsistema de distribución.

b) Tener una infraestructura de almacenes y transporte interalmacenes que complica su gestión.

c) Que no podamos utilizar la operativa cross-docking.

d) Que no se pueda externalizar ningún proceso de la distribución.

4.3. En el sistema de distribución directa a cliente:

a) Solo incurrimos en costes de transporte.

b) Incurrimos en costes de transporte, costes de gestión de transporte y parte imputable de costes generales.

c) Solo incurrimos en costes de gestión de transporte.

d) Incurrimos en costes de transporte y gestión de inventario.

4.4. El outsourcing en la distribución aporta como ventaja:

a) El alto grado de especialización y conocimiento de los operadores logísticos.

b) El reparto de costes entre diversos fabricantes por compartir recursos.

c) Un incremento de productividad.

d) Todas las anteriores son ciertas.

Actividades prácticas

4.1. Elabora un presupuesto operativo de transporte a partir de los datos de operación anual de este vehículo.

FICHA TÉCNICA DEL VEHÍCULO

DATOS VEHÍCULO

Camión tráiler de 25 Tm de carga.

Capacidad: 24 palets.

Carga frontal.

COSTE Y UTILIZACIÓN

Coste cabeza tractora: 75.000 €.

Coste remolque: 25.000 €.

Vida útil: 7 años. Amortización lineal. Sin valor residual.

Kilometraje anual previsto: 130.000 km.

Kilometraje anual cargado: 110.500 km.

CONSUMOS

Combustible: 42 litros / 100 km (0,80 €/litro).

Neumáticos: vida media del neumático 130.000 km. 12 ruedas al año (450 €/rueda).

Aceite: cada 16.000 km (30 litros a 4 €/litro).

Mantenimientos: 4.000 €/año.

CONDUCTOR

Sueldo anual bruto: 21.100 €.

Social a cargo de la empresa: 3.100 €.

Dietas: 45 €/día durante 240 días/año.

COSTES ECONÓMICOS

IAE: 150 €/año.

VIÑETA: 240 €/año.

ITV: 60 €/año.

Visado de tarjeta: 30 €/año.

Seguro todo riesgo 4.600 €/año.

Coste de la financiación 11 % anual durante 7 años.

Peajes: 180 €/mes (media).

	COSTE ANUAL EN €	% SOBRE TOTAL
COSTES FIJOS		
AMORTIZACIÓN		
CONDUCTOR		
IAE		
VIÑETA		
ITV		
VISADO		
SEGURO		
FINANCIEROS		
TOTAL COSTES FIJOS		
COSTES VARIABLES		
COMBUSTIBLE		
NEUMÁTICOS		
ACEITE		
MANTENIMIENTOS		
PEAJES		
DIETAS		
TOTAL COSTES VARIABLES		
TOTAL COSTES		
Coste por KM recorrido		

	COSTE ANUAL EN €	% SOBRE TOTAL
Coste por KM cargado		
Coste fijo por KM cargado		
Coste vrble. por KM cargado		

5. Gestión de imprevistos e incidencias en la cadena logística

Introducción

El "no hacer las cosas bien" implica la generación de costes ocultos que normalmente no son cuantificados por las organizaciones y suponen un impacto directo y en ocasiones desastroso en la cuenta de resultados, además de no alcanzar el objetivo final de lograr la satisfacción del cliente.

El objetivo de la gestión de imprevistos e incidencias es la reducción de la incertidumbre y la adaptación a la variabilidad del entorno en la gestión de la cadena logística.

Cobra así especial importancia la implantación de un adecuado sistema de gestión de imprevistos e incidencias en la cadena logística, que detecte aquellos puntos donde pueden producirse los mismos, monitorizarlos, medirlos mediante indicadores y aplicar medidas correctoras.

Aunque hay que ir más allá. Es necesario no solo detectar y resolver los problemas una vez se han producido, para que no vuelvan a suceder, sino intentar "que no ocurran", es decir, ser proactivos en la detección precoz de posibles incidencias evitando así que sucedan.

Entraremos de esta manera en un proceso de mejora continua, detectando (antes y/o después) todos aquellos puntos críticos y vulnerables de la cadena logística, generando medidas correctoras para que no vuelvan a suceder y, si es necesario, utilizando la reingeniería de procesos para redefinir los mismos incorporando las medidas correctoras.

> Lo que no se mide no se puede controlar, y lo que no se controla no se puede gestionar.

Contenido

5.1. Incidencias, imprevistos y errores humanos en el proceso de distribución

¿Qué es lo correcto y cómo hacerlo correctamente? Si somos capaces de detectar y definir esto, podremos evitar o minimizar al máximo incidencias, imprevistos y errores humanos en el proceso de distribución.

Debemos tratar de evitar:

- Demasiados subprocesos o muy complicados. Cuanto más numerosos y complicados sean los subprocesos de la distribución, mayores probabilidades de que ocurra una incidencia o incurrir en errores, y lo que es peor, que no se detecten por la complejidad.
- La no retroalimentación de información cuando se produce una incidencia o un imprevisto. Impide tanto la detección, como la solución en tiempo y forma, como la definición del "Y qué hacer para que no vuelva a pasar".
- No acudir a la fuente del problema. Si no resolvemos los problemas desde su causa y solo intentamos paliar sus consecuencias, estos se volverán a repetir una y otra vez.
- No buscar la solución más sencilla. Incurriremos no solo ya en los sobrecostes por el error o el imprevisto, sino en sobrecostes por no optar por la solución más sencilla y óptima.

5.2. Puntos críticos del proceso. Importancia cualitativa y monetaria de los mismos

La distribución es un proceso logístico vital para la empresa ya que es la actividad que más recursos consume de la actividad logística. Por tanto, es fundamental detectar los puntos críticos de la misma para controlar sus costes, la productividad y el grado de satisfacción de nuestros clientes.

Veamos a continuación cuales son los puntos críticos del proceso de distribución y su incidencia tanto en la calidad del servicio como el impacto de los mismos en la cuenta de resultados:

- **Cantidad** de producto servida. Los errores en la preparación de los pedidos suponen no servir la cantidad adecuada de acuerdo al pedido del cliente e incurrir en sobre costes por doble preparación del mismo pedido (tendremos que preparar y transportar otra vez la parte del pedido no servida), o si ha habido un exceso de cantidad, los costes de devolución de ese exceso y su reubicación en el almacén.

- **Embalaje** de acuerdo a las especificaciones del cliente. Si la mercancía no va paletizada con la altura adecuada al almacén del cliente, o las cajas no se adecuan a sus estanterías supondrá que el cliente o bien tendrá que hacer una operación adicional de re acondicionamiento o bien que nos devolverá el pedido. Además, un inadecuado embalaje puede provocar averías y desperfectos de la mercancía en la carga/descarga y transporte de la misma.
- **Estado** de los productos y/o embalajes. Entregar productos y/o embalajes en mal estado provocará una devolución inmediata del pedido, o bien un descuento en la factura del cliente por esta incidencia.
- **Entregas** en **tiempo** y **lugar**. No entregar a tiempo, o no entregar en el lugar adecuado puede acarrear consecuencias desastrosas para el cliente, desde paros en la cadena productiva (por ejemplo, en la cadena de montaje de coches), el no poder atender a su vez a sus respectivos clientes, etc. Sus consecuencias pueden ser desde la devolución completa del pedido, importantes penalizaciones en factura, hasta la pérdida del cliente.
- **Documentación** adecuada. Si la mercancía no va adecuadamente documentada es posible que, además de la multa de las autoridades competentes por no viajar con la documentación de transporte correcta, a la hora de facturar el material al cliente esta factura se haga incorrectamente, aumentando los costes administrativos para generar la documentación adecuada, retrasos en el cobro de la mercancía e incluso gastos de recobro de las cantidades inadecuadamente facturadas.
- Entregas **facturadas** y **cobradas** a tiempo. No facturar y cobrar en forma y tiempo generará una serie de gastos financieros por desfases en la tesorería de la no disposición de esas cantidades en el momento en el que se han previsto.
- **Transporte**, averías y retrasos. Es fundamental que los vehículos de transporte no sufran averías en el trayecto para evitar retrasos en las entregas, con las implicaciones de no entregar en tiempo.
- **Estiba, descarga y entrega** de pedidos a cliente. Las operaciones de colocación de la mercancía en el medio de transporte y su descarga son críticas ya que realizarlas inadecuadamente suponen un riesgo elevado de que la mercancía se dañe, generando devoluciones de material o descuentos en factura por daños. Si la entrega además no se realiza correctamente, por demasía o por faltas, posiblemente generará mercancía no facturada y cobrada (al cliente al que entregamos mercancía de más) y la necesidad de una segunda preparación y transporte del resto del pedido (al cliente al que entregamos mercancía de menos).

5.3. Análisis de determinados procesos críticos

Las Recomendaciones AECOC para la Logística (RAL) nos dan unas pautas generales de cómo debería ser el proceso de carga y descarga, tanto en carga completa como en fraccionada, en los centros de las empresas de proveedores y distribuidores, así como para los procesos de transporte y entrega de la mercancía.

5.3.1. Carga y descarga de mercancía

- **Carga de la mercancía:**
  - Comprobar la documentación de la carga.
  - Preparar las condiciones de carga.
  - Identificar la zona de carga.
  - Comprobar la autorización de la carga: en los centros en que se inicia la carga, el responsable de expedición dará la autorización para poder realizar la carga. Siempre será necesaria la autorización de un responsable del centro para realizar la carga de un vehículo.
  - Ubicar camión.
  - Comprobar los medios de carga y las áreas.
  - Carga del camión: el transportista estará presente en la operación de carga, comprobará que no haya deterioros externos en la mercancía y realizará la estiba de la mercancía colocando barras de sujeción o cintas tensoras en caso de que fuese necesario.
  - Restablecer los medios: se dejarán los medios utilizados en el lugar asignado.
  - Entrega de la documentación para iniciar la marcha de salida.
- **Descarga de la mercancía:**
  - Comprobar la documentación de la descarga.
  - Identificar la zona de descarga.
  - Comprobar autorización de descarga.
  - Preparar las condiciones de la descarga.
  - Preparar condiciones de entrega: el receptor dispondrá de los medios y áreas adecuados para realizar la descarga.
  - Comprobar los medios y áreas de descarga, que estén en condiciones adecuadas.
  - Ubicar camión.

— Descarga del camión: el transportista estará presente durante la operación de descarga, comprobando que no haya deterioros y que las unidades de carga que deben descargarse coinciden con las previstas en el albarán.

— Restablecer los medios.

— Entrega de la documentación para iniciar la marcha de salida.

5.3.2. Transporte y entrega

Para evitar retrasos e ineficiencias en el transporte y la entrega, la AECOC recomienda:

- Pacto de horarios fijos de carga y/o descarga.
- Pacto de cita previa para la carga y la descarga.
- Establecimiento de tiempo concreto de espera para la carga y descarga.

5.3.3. Incidencias más frecuentes

La AECOC, en sus RAL, nos indica las incidencias más frecuentes en estos procesos:

- La mercancía descargada no se corresponde con la cargada.
- La mercancía no se carga en el camión en el mínimo tiempo.
- No se mantiene la temperatura de los productos refrigerados y congelados.
- La mercancía no llega sin ninguna rotura.
- No se entrega la mercancía en las mismas condiciones en las que se cargó.
- Camiones que llegan con retraso y no pueden cargar.
- Proveedores que no tienen la mercancía prevista para la carga.
- Cambios de última hora en el punto de carga previsto.
- Distribuidores que no pueden descargar en el punto de destino por motivos varios.

5.3.4. Estrategias de detección, seguimiento y corrección

La AECOC, en sus RAL, nos indica cuáles son las mejores prácticas en la prevención y control de los errores:

Se recomienda que la prevención y el control de los errores en almacenes se base en:

- Una definición eficiente de los procedimientos más críticos.
- El control sobre la ejecución de los mismos.
- La gestión adecuada del flujo de información.
- La aplicación eficiente de las herramientas adecuadas.

Se recomienda realizar acciones formativas dirigidas a los empleados sobre la aplicación de:

- Los procedimientos establecidos.
- La gestión y el manejo de las herramientas necesarias.

Se recomienda el registro de:

- Las pérdidas de material.
- El consumo de producto por parte del personal interno.
- Los errores de identificación/codificación.
- Las mermas o productos desechados como defectuosos; ya sea de origen o fruto de la manipulación.

En las actividades relacionadas con los productos perecederos o en los procedimientos de devoluciones es necesaria una gestión correcta de las mermas. Para ello se recomienda:

- Controlar e identificar las referencias críticas; mediante un análisis de referencias se identifican aquellas con mayor pérdida.
- A la hora de controlar productos perecederos se pueden tener en cuenta varias familias de productos y proveedores haciéndoles un seguimiento especial (peso y calidad).
- Formar a jefes de sección (incluyendo la preparación de productos, la logística interna, etc.).
- Incorporar nuevos parámetros de cálculo en la gestión de pedidos de productos de alto riesgo y puesta en marcha de un proceso de gestión de caducidades.

Se recomienda aplicar controles sobre:

- Las reducciones de inventario en la recepción, almacén y zona de despacho de mercancías.
- El peso y la calidad en la recepción de mercancía.
- La revisión de pedidos y formatos mínimos que tienden a dificultar la gestión.
- Los indicadores de productos de alto riesgo (por ejemplo, la rotación).

A continuación se indican, de forma más concreta, un conjunto de mejores prácticas y herramientas de cuya aplicación se derivan importantes avances en la eficiencia del flujo de mercancía y de información en la cadena de suministro:

- Acuerdos logísticos entre las partes, RAL (Recomendaciones AECOC para la Logística): reúnen un conjunto de acuerdos entre las partes sobre buenas prácticas en los procedimientos más críticos de la cadena de suministro, por ejemplo, entrega y recepción de mercancía, manipulación, carga, transporte, y descarga.
- Intercambio Electrónico de Datos (EDI). Mediante los mensajes del lenguaje estándar EANCOM, las empresas pueden, entre otras cuestiones:
  - — Comunicar con antelación el contenido exacto de los envíos.
  - — Confirmar la recepción de la mercancía e informar sobre las posibles incidencias en el proceso de recepción.
  - — Informar sobre el estado de los pedidos.
- Codificación GS1 128 (antes EAN.UCC 128): es un sistema de identificación creado para entornos de almacén, que conecta el flujo físico de mercancías con el de información. La codificación GS1 128 (EAN.UCC 128), entre otras cuestiones, permite:
  - — Automatizar la gestión de los almacenes. Por ejemplo, la lectura del código permite la ubicación de la mercancía en el almacén en función de la fecha de caducidad del producto, al ser una información contenida en el código GS1 128.
  - — Agilizar los procesos de recepción de mercancía. Con la lectura del SSCC (Código Seriado de Unidad de Envío o Número de Matrícula) que contiene la etiqueta GS1 128 (EAN.UCC 128), se puede relacionar el contenido del envío con el aviso de expedición que se ha hecho previamente mediante el mensaje DESADV del lenguaje EANCOM de EDI.
- Identificación por Radiofrecuencia (RFID), se obtendrán beneficios como:
  - — Agilización de la recogida de datos. Reduce la intervención humana en la supervisión de los procesos y proporciona visibilidad en todo el recorrido del producto para detectar y reducir errores de gestión.
  - — Ubicación de los lectores en puntos estratégicos. De esta manera quedan cubiertos los puntos críticos del proceso. Así, los datos que proporciona el sistema permiten identificar los puntos exactos donde se ha producido la diferencia de inventario y actuar inmediatamente.

— Incremento del control unitario de los embalajes con tag en la recepción de mercancías.

— Reducción de ajustes de inventario e incidencias debido a la disminución de faltantes, errores y hurtos.

— Control y actualización de inventarios en tiempo real.

— Reducción de tiempo dedicado a resolver incidencias, debido al menor número de estas.

— Racionalización de recursos ubicados en la recepción de mercancías, la preparación y verificación de pedidos, por efecto de la lectura del tag.

— Reducción de errores por inventario manual.

— Reducción de tiempo previo a la carga del camión debido a la verificación de las unidades de carga sin necesidad de abrir los embalajes.

En definitiva, estas herramientas y recomendaciones sobre mejores prácticas permiten reducir las incidencias y controlar aquellos puntos de riesgo que son fuente de errores en la cadena logística:

- Agilizan y aumentan la calidad de los flujos de información y físicos.
- Reducen las incidencias en las entregas y en el proceso de facturación.
- Incrementan los niveles de información y trazabilidad de los productos.

5.3.5. Indicadores de gestión (KPI - KEY PERFORMANCE INDICATOR)

Un indicador es una magnitud que expresa el comportamiento o desempeño de un proceso, que al compararse con algún nivel de referencia permite detectar desviaciones positivas o negativas.

También es la conexión de dos medidas relacionadas entre sí, que muestran la proporción de la una con la otra.

El uso y aplicación de los indicadores junto con programas de mejora continua de productividad y procesos logísticos, son una base de generación de ventajas competitivas sostenibles en el tiempo y, como consecuencia, de su posicionamiento en los mercados tanto nacionales como internacionales.

Los indicadores logísticos permiten evaluar el desempeño y el resultado en cada proceso. Incluyen los procesos de recepción, almacén, gestión de inventario, expedición, distribución, entregas, facturación, y los flujos de información entre los actores de la cadena.

Es fundamental que se utilice la información resultante de manera oportuna para la toma de decisiones.

Un indicador tiene que cumplir, en su diseño, las siguientes características:

- Cuantificable: debe ser expresado en números o porcentajes.
- Consistente: debe generarse utilizando la misma fórmula y la misma información para ser comparable en el tiempo.
- Agregable: debe generar acciones y decisiones que redunden en la mejora de la calidad de los servicios prestados.
- Comparable: debe estar diseñados para poder compararse con indicadores similares de otras empresas del sector.
- Nivel de referencia: se necesita una referencia con la cual comparar el resultado del indicador.
- Responsabilidad: se debe señalar en la definición del mismo, la persona responsable de controlar la información y aplicar las medidas correctivas.
- Periodicidad: diaria, semanal o mensualmente.
- Sistema de información: debe garantizar que los datos obtenidos en las mediciones se presenten al momento de la toma de decisiones para lograr realizar la realimentación rápida en las actividades.

Todo se puede medir y, por tanto, se puede controlar.

5.4. Seguimiento y localización física de la mercancía en el proceso de distribución

Veíamos en anteriores capítulos el concepto de **trazabilidad**, como la información del recorrido de un producto a lo largo de toda la cadena de suministro.

Es obligatoria en algunas industrias, como la alimentaria, garantizando que los productos llegan al consumidor en perfecto estado y, lo más importante, resulta imprescindible para retirar del mercado productos con algún defecto.

La trazabilidad responde a criterios estratégicos, así como también a exigencias y regulaciones gubernamentales. Las ventajas de implantar sistemas de trazabilidad son muchas: conocimiento del historial, ubicación y trayectoria de un producto en caso de necesitar una retirada producto del mercado (o varios del mismo lote), control de stocks, control de los procesos de producción, coordinación y colaboración con los distribuidores.

Mediante el uso de etiquetas con código de barras, posible gracias a la aparición de sistemas de lectura ópticos de código de barras, es posible la identificación y el seguimiento de la mercancía a lo largo de toda la cadena de suministro.

ESTANDAR EAN (En España, acredita AECOC): **European Article Number** o International Article Number es un sistema de código de barras adoptado por más de 100 países y cerca de un millón de empresas (2003). En el año 2005, la asociación EAN se ha fusionado con la UCC (*Uniform Code Council*) para formar una nueva y única organización mundial identificada como GS1, con sede en Bélgica:

- Para obtener un prefijo GS1 de empresa exclusivo a nivel mundial, las empresas tienen que pasar a formar parte del colectivo de usuarios de códigos de barras que son socios de AECOC, única organización en España capacitada para asignar estos prefijos y otorgar los derechos de utilización del estándar de codificación y simbología de GS1 a las empresas.
- Una vez adquirido el prefijo GS1 de empresa a través AECOC, la organización ya está lista para empezar a identificar uno a uno todos sus productos.
- Empezando por el "0" se deben asignar códigos numéricos secuenciales a cada producto del catálogo de acuerdo con la normativa de cambio de código.
- Al final de este proceso, el conjunto de dígitos formado por el prefijo GS1 de empresa y el código de cada producto del catálogo debe tener un total de 12 posiciones. De este modo, si el prefijo GS1 de empresa tiene 7 dígitos, la organización podrá disponer de un rango de 5 posiciones que permitirá codificar hasta 100.000 productos diferentes (desde el 00000 hasta el 99999). Del mismo modo, si el prefijo GS1 de empresa tiene 10 dígitos, la organización podrá disponer de un rango de 2 posiciones que permitirá codificar hasta 100 productos diferentes (desde el 00 hasta el 99).

5.5. Sistemas informáticos y tecnología aplicada: GPS, satélite, radiofrecuencia

Para el seguimiento de los vehículos de transporte, la localización de personas o de objetos (mercancías) se utilizan ambas tecnologías, GPS y radiofrecuencia. Veamos una comparativa entre ambas.

El sistema GPS es la tecnología más conocida y utilizada en la actualidad para rastrear, con posición exacta, y establecer la ubicación de un vehículo de manera remota.

El sistema GPS está constituido por 24 satélites y utiliza la triangulación para determinar en todo el globo la posición con una precisión de metros.

Cuando se desea determinar la posición, el receptor que se utiliza para ello localiza automáticamente como mínimo cuatro satélites de la red, de los que recibe unas señales indicando la identificación y la hora del reloj de cada uno de ellos. Con base en estas señales, el aparato sincroniza el reloj del GPS y calcula el tiempo que tardan en llegar las señales al equipo, y de tal modo mide la distancia al satélite mediante triangulación, la cual se basa en determinar la distancia de cada satélite respecto al punto de medición.

La radiofrecuencia tiene un funcionamiento similar, diferenciándose en que para localizar la señal del receptor no se usan satélites, sino torres o antenas de radio. Además, la radiofrecuencia se utiliza también para la transmisión remota de datos entre dispositivos, no solo para la localización y seguimiento de vehículos, personas y mercancías.

La gran diferencia entre ambas radica en que las señales de radio que usa la radiofrecuencia son capaces de penetrar objetos de alta capacidad obstructiva como edificios, garajes y contenedores de carga, lugares donde el GPS es incapaz de transmitir.

Para la monitorización y seguimiento de vehículos es más útil la tecnología GPS, ya que nos permite conocer la situación exacta de todos los vehículos de forma simultánea.

Cobra gran importancia en la gestión del almacén la radiofrecuencia, ya que es una herramienta que permite conocer en tiempo real el nivel de stock, tanto de materias primas como de producto terminado, la situación del material (pendiente de ubicar, ubicado, asignado a una extracción, en playa, en estanterías móviles, etc.), así como optimizar el almacén con un sistema de almacenamiento caótico (la mercancía se ubica donde haya hueco, sin ningún otro criterio, el sistema gracias a la radiofrecuencia sabe exactamente dónde está ubicado cada material).

Además un sistema de expediciones mediante radiofrecuencia nos va a permitir minimizar errores a la hora de extraer (picking) y preparar los pedidos para su expedición, así como optimizar las rutas de los operarios de picking.

5.6. Acceso del cliente a la información

Gracias a tecnologías como **GPS** y la **radiofrecuencia**, podemos facilitar el acceso a los clientes a la información referente a sus pedidos: en qué situación están, dónde están, posibles incidencias, retrasos, etc., proporcionando un alto valor añadido a los mismos y aumentando su grado de satisfacción.

Aunque se produzcan incidencias, un cliente informado puntualmente acerca de las mismas junto con las medidas adoptadas para su solución, generalmente es un cliente satisfecho.

Además, gracias también a los sistemas **EDI** (Electronic Data Interchange), podemos compartir información estandarizada y validada a través de protocolos electrónicos (EDIFACT, XML, IDOC SAP, etc.) con nuestros clientes, como facturas, albaranes, documentación para la exportación, órdenes de pedido, etc., en tiempo real y fiable.

> **?** El servicio al cliente relacionado con la cadena de suministro debe asegurar y proporcionar eficientemente toda la información referida a disponibilidad de existencias, gestión de pedidos, precisión en la información, transporte, envíos y entregas, etc.

5.7. Determinación de responsabilidades en una incidencia

Según la norma ISO 9001:2008, una **incidencia** es "todo aquel suceso que tiene relación directa o indirecta sobre la marcha normal de las actividades.

Entre ellas se pueden encontrar las sugerencias, quejas y reclamaciones relacionadas con clientes, proveedores o personal; la detección de materiales no conformes tanto durante el control de recepción y almacenamiento como en las labores de preparación de pedido o tras la entrega, etc.

Las incidencias pueden tener su origen en el incorrecto diseño de uno o varios procesos o en la incorrecta ejecución de los procesos establecidos e incluso en la falta de recursos necesarios".

Una precisa definición de los subprocesos logísticos, de las actividades y de los medios tanto personales como técnicos necesarios para su desarrollo, así como la visibilidad de todos estos procesos, tanto interna (empresa) como externa (cliente), hace que sea fácil tanto detectar el momento, como el lugar, como la persona o medio responsable de una incidencia.

De esta manera, no solo se detectará el momento y lugar de la cadena logística en que se produzca para que no avance a lo largo de la misma y evitar así problemas posteriores, sino que además deberán entrar en acción este momento, por parte de la persona responsable de la monitorización, las medidas correctivas pertinentes y la definición de la acción preventiva adecuada para que, proactivamente, esta incidencia no vuelva a suceder.

También la norma ISO 9001:2008 nos indica que "se debe establecer un procedimiento documentado para definir los controles y las responsabilidades y autoridades relacionadas para tratar el producto no conforme". En general, los responsables deben ser:

- **Responsables del Departamento de Compras**. Han de registrar todas las incidencias relacionadas con los proveedores, además de llevar su seguimiento y cerrarlas cuando proceda. Esto incluye las incidencias detectadas durante el Control de Recepción anotadas en los albaranes de los proveedores. Este registro se realiza en el formato indicado y además, en la base de datos del software de gestión, a fin de que las personas responsables de continuar solucionando la incidencia tengan información al respecto.
- **Responsables del Departamento Comercial**. Han de registrar todas las incidencias relacionadas con los clientes, además de llevar su seguimiento y cerrarlas cuando proceda. Este registro se realiza en el formato indicado y además, en la base de datos del software de gestión, a fin de que las personas responsables de continuar solucionando la incidencia tengan información al respecto. Cuando los responsables de este departamento reciban alguna incidencia de los clientes relacionada con la calidad del material, estos deben comunicarlo al Departamento de Compras para que registren la incidencia relativa al proveedor correspondiente si es el caso.
- **Responsable de Control de Calidad**. Registra las incidencias relacionadas con el material detectadas durante el control exhaustivo de los materiales recepcionados y/o durante las inspecciones de los mismos.
- **Responsables de Almacén**. Registran las incidencias relacionadas con el material detectadas durante la recepción de materiales, el almacenamiento y/o el corte del mismo, incluidas además las devoluciones de los clientes. En el caso de incidencias relativas al material adquirido, estas son indicadas además en el albarán de entrega del proveedor. Además se encargan del registro de aquellas incidencias detectadas por el personal a su cargo (almacén y transporte).

- **Responsable de Gestión de Calidad.** Registra las incidencias relacionadas con deficiencias o desviaciones en los procesos del sistema de gestión de calidad de la empresa, así como las detectadas durante las auditorías internas (planificadas o extraordinarias) y externas. Además, informa del estado de las incidencias gestionadas durante el periodo en curso para la revisión anual del sistema de calidad. Y se encargan del registro de aquellas incidencias detectadas por el personal de Transporte y Almacén.
- **Responsables de Administración.** Registra cualquier incidencia relacionada con clientes y proveedores respecto a facturación y cobros.
- **Operarios de almacén y personal de transporte.** Deben comunicar a los responsables de Almacén o de Gestión de Calidad cualquier incidencia detectada.
- **Todo el personal.** Cuando se les asigne la aplicación de una acción correctora han de ejecutarla dentro de los plazos establecidos, comunicando cualquier dificultad al responsable de su área o al responsable de Gestión de Calidad.

5.7.1. Detección del punto físico y momento temporal en que se produce (fase del proceso logístico)

Para conseguir la detección de las incidencias en el punto y el momento temporal en que se producen, es fundamental, aparte de un adecuado monitoreo de las actividades, un sistema de información ágil y veraz.

Las tecnologías como GPS y sobre todo la radiofrecuencia nos facilitan esta tarea enormemente, ya que por ejemplo, la radiofrecuencia detecta y refleja en tiempo real errores de etiquetado, ubicación, picking, etc.

Una resolución ágil de incidencias tendrá como consecuencias:

- La satisfacción del cliente.
- Una experiencia de compra elevada.
- La fidelización de clientes.
- Compras recurrentes.

La norma ISO 9001:2008 nos dice acerca de la detección de incidencias: "La organización debe asegurarse de que el producto que no sea conforme con los requisitos del producto, se identifica y controla para prevenir su uso o entrega no intencionados. Se debe establecer un procedimiento documentado para definir los controles y las responsabilidades y autoridades relacionadas para tratar el producto no conforme".

La persona de la empresa que detecta cualquier incidencia, ya sea por observación directa o porque se lo comunique alguien externo a la empresa, debe registrarla según el formato recogido en el procedimiento de gestión de incidencias.

En el caso de ser detectada por los operarios de almacén o de transporte, estos comunicarán la incidencia a los responsables de Almacén o Gestión de Calidad, que se encargarán de tal registro.

5.7.2. Solución

Se hace imperativo la definición de un procedimiento de resolución de incidencias, que recogerá qué hacer, cómo hacerlo y las personas responsables de estas acciones en cada caso.

Implantando un Procedimiento o Sistema de Gestión de Incidencias, podremos controlar el volumen y procedencia de las mismas, así como a los responsables y plazos medios de resolución, lo que facilita su erradicación y reafirma la cultura de calidad del servicio y mejora continua.

Componentes básicos de un sistema de gestión de incidencias:

- Asignación de prioridades: no todas las incidencias tienen el mismo grado de consecuencia.
- Enfoque proactivo.
- Adecuación de recursos para la gestión del sistema.
- Selección del método adecuado de detección.
- Documentación de la incidencia, contemplando:
    - — Base de datos histórica.
    - — Código de causa del error.
    - — Asignación de resolución.
    - — Canal de comunicación.
- Control y seguimiento de incidencias, para establecer responsabilidades, plazos de actuación y escalado de las mismas.
- Análisis causal y acciones para su erradicación.

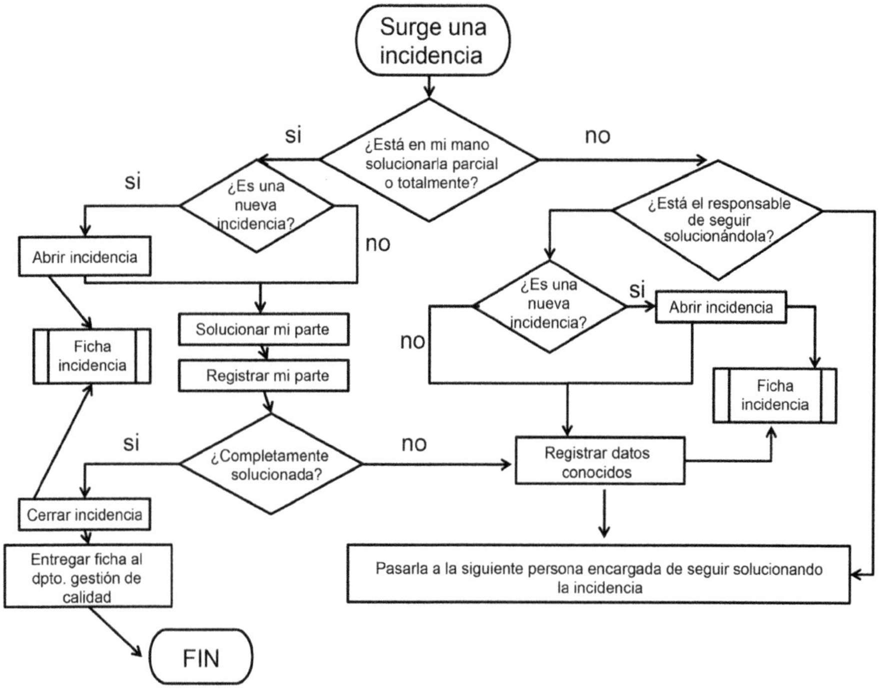

Figura 5.1. Organigrama del proceso de gestión de incidencias. (Fuente: ISO 9001).

5.7.3. Actitud proactiva ante incidencias por parte de los actores de la cadena de suministro

Se considera una "buena práctica" mantener una actitud proactiva ante incidencias. Esta supone:

- Tener identificados todos los procesos y subprocesos de la cadena de suministro, procurar su visibilidad.
- Realizar un análisis de los procesos para:
  - Identificar los posibles problemas o debilidades.
  - Establecer los indicadores logísticos adecuados.
  - Proporcionar información relativa a la estructura organizativa que los soporta.
  - Identificar las oportunidades de mejora y realizar un plan de acción.
- Consensuar, aprobar e implantar las mejoras identificadas.
- Revisar y realizar el seguimiento de los procesos con el fin de establecer la mejora continua de los mismos. Supone la demanda continuada de dedicación y vigilancia.

- Disponer de un manual de procedimientos en los que estén descritos los procesos de la gestión de la cadena de suministro.

> Cuanto más efectiva sea la cadena de suministro, mayor valor añadido aportará el bien o servicio prestado al cliente.

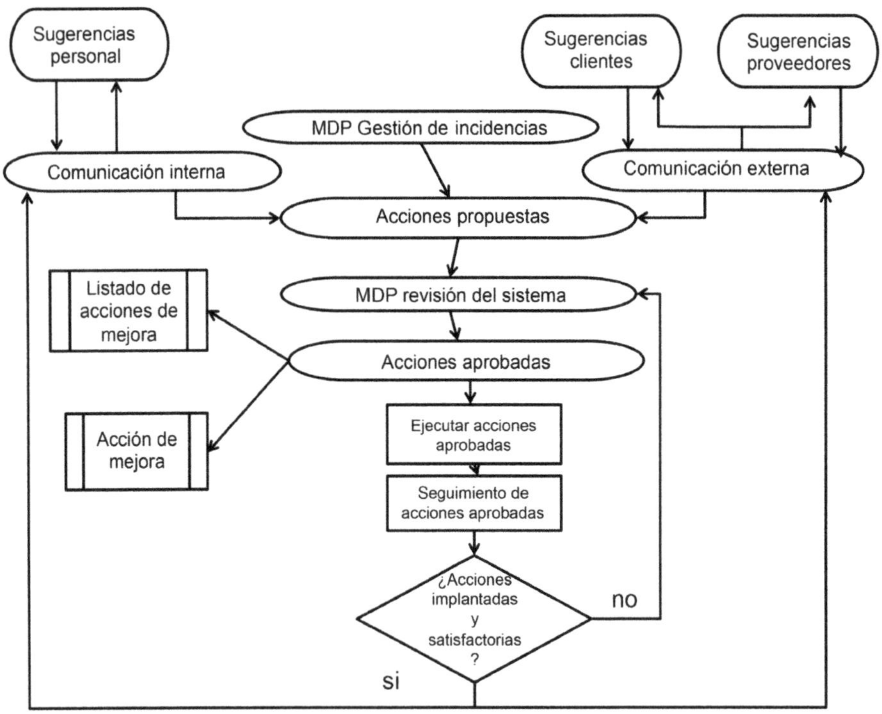

Figura 5.2. Organigrama del proceso de acciones de mejora. (Fuente: ISO 9001).

5.8. En diversos supuestos prácticos, cómo actuar en una incidencia

Las mejores pautas y criterios a seguir a la hora de **solucionar una incidencia**, sea cual sea, son:

- Con diligencia.
- Con compromiso.
- Con involucración.
- Con proactividad.
- Documentando la incidencia adecuadamente y codificándola según su causa.

- Asignando responsabilidades claras para su resolución.
- Haciendo un análisis causal de su origen.
- Llevando a cabo acciones de mejora continua para su erradicación.
- Informando puntualmente al cliente de las causas y las soluciones propuestas.
- Logrando la plena satisfacción del cliente.

5.8.1. Actuaciones diferentes según el tipo y el momento de la misma: en el control de recepción, en la manipulación, en la preparación de pedidos, en el transporte

Veamos cómo actuar en caso de que ocurra una incidencia, según recomendaciones RAL de la AECOC, y esta ha sido detectada en:

- **Control de recepción.**
  - — En la recepción de mercancías se comprobará que las unidades de carga paletizadas descargadas coinciden con las indicadas en el albarán. De no ser así, se avisará al responsable del centro y se anotará la correspondiente incidencia en el albarán de entrega de la mercancía, recabándose la firma del transportista en todas las copias del documento de entrega. Se deberá decidir entre quedarse con la mercancía sobrante o devolverla al proveedor.
  - — Se comprobará asimismo que la temperatura del producto en su caso, es la que debe tener. Si alguna unidad de carga paletizada no cumple con los criterios de temperatura, no se descargará y se avisará al responsable del centro.
  - — El receptor comprobará que las unidades de carga paletizadas que deben descargarse tienen la estabilidad necesaria para ser manipuladas, almacenadas y trasladadas. No se descargarán, en caso que esté así pactado entre proveedor y distribuidor, las unidades de carga paletizadas que no sean estables.
  - — En caso de rechazo de mercancía por parte del cliente, este aplicará un sello identificativo de rechazo en el albarán de entrega, incluyendo el nombre del centro, la fecha, el motivo del rechazo, y nombre y firma de la persona responsable de la recepción.
- **Manipulación**. Los operarios deberán conocer los procedimientos adecuados de manipulación según el tipo de mercancía, para evitar golpes y daños en el momento de la manipulación de la mercancía. Si estas inciden-

cias se detectan, se deberá apartar dicha mercancía para valorar el daño producido y decidir si con un cambio de embalaje o una pequeña reparación se puede recuperar la misma para su venta por el canal habitual.

- **Preparación de pedidos**. Aplicando tecnologías como la RFDI y procedimientos de verificación se detectarán las posibles incidencias en este proceso crítico. Cualquier incidencia detectada tanto por el operario como por el sistema en la preparación de un pedido (extracción, embalaje, consolidación, expedición) ha de comunicarse inmediatamente al responsable de turno/almacén para su resolución.
- **Transporte**
  - En caso de detectar algún problema en el vehículo que pueda provocar daños, debe ser arreglado. En caso de no poder solucionarse el mismo, se rechazará el vehículo, documentando la razón.
  - El chófer tiene el derecho y el deber de estar presente en la carga y la descarga, comprobando el estado de la carga y la manipulación. De esta manera podrá indicar con posterioridad cualquier discrepancia y anomalía en el albarán.

5.8.2. A quiénes se debe informar y contenido de la información

La norma ISO 9001:2008 nos indica que: "La organización debe asegurarse de que el producto que no sea conforme con los requisitos del producto, se identifica y controla para prevenir su uso o entrega no intencionados. Se debe establecer un procedimiento documentado para definir los controles y las responsabilidades y autoridades relacionadas para tratar el producto no conforme".

Una vez cumplimentada la descripción de la incidencia, el formato ha de entregarse a la persona encargada de aprobar la acción correctora correspondiente.

Estas personas con autoridad para aprobar las acciones correctoras pueden ser:

- Gerencia.
- Responsable de Administración.
- Responsable de Almacén.
- Responsable de Compras.
- Responsable de Gestión de Calidad.

Según la norma, el documento en el que se comunica la incidencia debe contener al menos:

a) **Origen**. Marca con una "X" el origen de la incidencia. Se pueden marcar varios para una sola incidencia (por ejemplo: proveedor + inspección).

b) **Descripción de la incidencia** (ocurrida o potencial). Incluir todo aquello que pueda ser de ayuda a la hora de estudiar la incidencia, descripción de la misma, número de albarán o factura relacionadas, nombre o código del cliente o proveedor, material involucrado, etc. La persona que detecta o recibe la incidencia fecha y firma en esta casilla.

c) **Acción correctora aprobada**. La persona que decide cuál será la acción correctora a aplicar debe describir dicha acción en este apartado, además de indicar la persona responsable de ejecutarla. Tras esto fecha y firma la casilla correspondiente.

d) **Acción correctora aplicada**. Este último apartado es cumplimentado por la persona que aplica la acción correctora aprobada anteriormente. Con la fecha y firma confirma que las acciones correctoras aprobadas han sido aplicadas. Si la acción correctora no ha podido aplicarse, o si han surgido problemas durante su ejecución, se podrá abrir una nueva incidencia para que quede constancia de las dificultades encontradas que serán estudiadas posteriormente para buscar una solución adecuada".

5.8.3. Propuesta de actuación correctora, el caso actual y cara al futuro

La norma ISO 9001:2008 define una **acción correctora** como: "aquella acción tomada para solucionar una no conformidad (falta de cumplimiento de los requisitos fijados por el sistema de gestión de calidad de la empresa) concreta ocurrida, sin tener en cuenta si puede o no volver a suceder y sin la finalidad de evitar esto último".

Veíamos en el contenido del documento en el que se comunica la que ha de describirse tanto la incidencia, la acción correctora aprobada como la acción correctora aplicada.

El procedimiento de gestión de incidencias debe indicar a este respecto que el formato de documento ha de entregarse a la persona encargada de aprobar la acción correctora correspondiente.

Tras esto, el formato será entregado al responsable de ejecutar la acción correctora. Una vez solucionada la incidencia y cumplimentado el apartado "acción correctora aplicada", el formato será entregado al responsable de Gestión de Calidad para su archivo.

Pero no se queda ahí. La norma contempla continuar el procedimiento para, proactivamente, establecer las acciones correctivas, preventivas y de mejora, en su procedimiento acciones de mejora.

Define la **acción preventiva** como "acción tomada para evitar (prevenir) que una no conformidad que pudiera ocurrir (pero que nunca hasta ahora ha ocurrido) pueda suceder".

Define también la **acción de mejora** como "cualquier acción que suponga una mejora en la eficacia y/o eficiencia de cualquier actividad del sistema de gestión de calidad".

Básicamente, el modo de actuar para gestionar las diversas acciones que permiten la mejora continua del sistema de gestión se pueden resumir en:

- **Análisis de las incidencias**. Periódicamente, los responsables de Gestión de Calidad y Administración se reunirán para analizar las incidencias registradas durante el periodo anterior y deciden (con la colaboración de los responsables de los departamentos implicados si es necesario), las acciones apropiadas para evitar que las incidencias registradas vuelvan a ocurrir así como las acciones preventivas y de mejora que estimen convenientes.
- **Propuesta y aprobación de acciones de mejora**. Los responsables de Gestión de Calidad y Administración abren una ficha de acción de mejora, para cada una de las acciones determinadas, indicando en cada caso una descripción de la acción aprobada. En dicha descripción han de quedar reflejados los responsables de la aplicación de la acción de mejora, plazo máximo de implantación y si es el caso, el tipo de indicador que mostrará el grado de eficacia de dicha acción.

  Este apartado ha de ser fechado y firmado por la persona que aprueba la acción de mejora y posteriormente por la persona encargada de implantarla. Con esta firma, evidencia que conoce la acción que se le ha asignado.

  En caso de ser necesario, se entrega una copia (no controlada) del formato cumplimentado al responsable de ejecutar la acción.

  El responsable de Gestión de Calidad registra cada una de las acciones aprobadas en la lista de acciones de mejora para facilitar su posterior seguimiento.
- **Comprobación de la eficacia de la acción de mejora**. Pasado el plazo de implantación (o periódicamente si es necesario) el responsable de Ges-

tión de Calidad verifica que la acción ha sido ejecutada y que los resultados son los deseados.

Si efectivamente esto es así, el responsable de Gestión de Calidad fecha y firma en el apartado correspondiente y pasa el formato a Gerencia para que dé el visto bueno a su cierre.

En caso contrario, el responsable de Gestión de calidad se informa de los motivos que han impedido la implantación de la acción de mejora y la refleja en este apartado, pasándolo a Gerencia para que de el visto bueno a su cierre.

El cierre de una acción de mejora cuyos resultados no alcancen los objetivos determinados, no supone el abandono de dicha acción, pues en estos casos esta puede ser estudiada de nuevo abriendo una nueva acción de mejora. Esto suele ser el caso de acciones que tras ponerse en práctica resultan imposibles o difíciles de implantar.

Se alcancen o no los objetivos de la acción de mejora, es posible que se adviertan otras acciones de mejora relacionadas, las cuales pueden reflejarse en el apartado "acciones derivadas".

- **Registro de acciones de mejora.** El responsable de Gestión de Calidad mantiene un archivo con los registros de las acciones de mejora cerradas, de las que informará en la revisión del sistema de gestión de calidad celebrado anualmente. Además, dispone de la lista de acciones de mejora, que facilita el control de las acciones cerradas y pendientes.

5.9. Incidencias y su tratamiento informático. Sistema de documentación: grabación de datos, información mínima, clasificación según tipos, seguimiento y solución dada a la misma, costo real o estimado, cliente afectado o proveedor involucrado, punto de la cadena en que se produjo

El mejor sistema de gestión es el que genera menos burocracia y menos papeles, cumpliendo su objetivo final: controlar los riesgos, prevenir los fallos y mejorar la eficacia y eficiencia de los procesos. De ahí, la importancia de informatizar los datos en la medida de lo posible, garantizando su autenticidad, seguridad y análisis posterior.

Un software de gestión de incidencias con base de datos es la solución óptima, ya que permite:

- Reducir errores de transcripción.
- Actualizar los datos en tiempo real.
- Dar acceso a los datos de forma controlada a los destinatarios que deban conocerlos.
- Reducir trabajo burocrático: cada dato se registra una única vez.
- Analizar los datos.
- Integrar los datos con el resto de software de gestión de la organización, para la adecuada toma de decisiones.

Un software de gestión de incidencias debe permitir realizar las siguientes funciones:

- **Grabación de datos,** tanto para la consulta por todos los implicados como para su conservación como histórico.
- **Información mínima** que debe contener el documento que recoge la incidencia.
- **Clasificación según tipos,** debe permitir clasificar la incidencia en leve, grave o muy grave para establecer la prioridad de aplicación de la acción correctiva y preventiva en su caso.
- **Seguimiento de la incidencia y solución dada a la misma,** debe permitir que se conozca en todo momento qué acción correctiva se está llevando a cabo y qué persona la está gestionando.
- **Costo real o estimado,** el sistema de gestión debe permitir un cálculo lo más aproximado posible del coste real de la incidencia.
- **Cliente afectado o proveedor involucrado,** si es el caso de que alguno de estos actores esté implicado, para tomar las medidas adecuadas respecto a los mismos.
- **Punto de la cadena en que se produjo,** fundamental para aplicar la medida preventiva adecuada. Si no sabemos en qué punto de la cadena se produjo la incidencia no podremos evitarla de nuevo.

Resumen

El “**no hacer las cosas bien**” implica la generación de **costes ocultos** que normalmente no son cuantificados por las organizaciones y suponen un impacto directo y en ocasiones desastroso en la cuenta de resultados, además de **no alcanzar el objetivo final de lograr la satisfacción del cliente.**

El objetivo de la gestión de imprevistos e incidencias es la **reducción de la incertidumbre** y la **adaptación a la variabilidad del entorno** en la gestión de la cadena logística.

Incidencia: todo aquel suceso que tiene relación directa o indirecta sobre la marcha normal de las actividades. Pueden tener su origen en el incorrecto diseño de uno o varios procesos o en la incorrecta ejecución de los procesos establecidos e incluso en la falta de recursos necesarios.

Acción correctora: aquella acción tomada para solucionar una no conformidad (falta de cumplimiento de los requisitos fijados por el sistema de gestión de calidad de la empresa) concreta ocurrida, sin tener en cuenta si puede o no volver a suceder y sin la finalidad de evitar esto último.

Acción preventiva: acción tomada para evitar (prevenir) que una no conformidad que pudiera ocurrir (pero que nunca hasta ahora ha ocurrido) pueda suceder.

Acción de mejora: cualquier acción que suponga una mejora en la eficacia y/o eficiencia de cualquier actividad del sistema de gestión de calidad.

Evitar:

- Demasiados subprocesos o muy complicados.
- La no retroalimentación de información.
- No acudir a la fuente del problema.
- No buscar la solución más sencilla.

Puntos críticos del proceso de distribución:

- Cantidad de producto servida.
- Embalaje de acuerdo a las especificaciones del cliente.
- Estado de los productos y/o embalajes.

- Entregas en tiempo y lugar.
- Documentación adecuada.
- Entregas facturadas y cobradas a tiempo.
- Transporte, averías y retrasos.
- Estiba, descarga y entrega de pedidos a cliente.

Procesos críticos

- **Carga de la mercancía:**
  - Comprobar la documentación de la carga.
  - Preparar las condiciones de carga.
  - Identificar la zona de carga.
  - Comprobar la autorización de la carga.
  - Ubicar camión.
  - Comprobar los medios de carga y las áreas.
  - Carga del camión.
  - Restablecer los medios.
  - Entrega de la documentación.
- **Descarga de la mercancía:**
  - Comprobar la documentación de la descarga.
  - Identificar la zona de descarga.
  - Comprobar autorización de descarga.
  - Preparar las condiciones de la descarga.
  - Preparar condiciones de entrega.
  - Comprobar los medios y áreas de descarga.
  - Ubicar camión.
  - Descarga del camión.
  - Restablecer los medios.
  - Entrega de la documentación.
- **Transporte y entrega:**
  - Pacto de horarios fijos de carga y/o descarga.
  - Pacto de cita previa para la carga y la descarga.
  - Establecimiento de tiempo concreto de espera para la carga y descarga.

Incidencias más frecuentes:

- La mercancía descargada no se corresponde con la cargada.
- La mercancía no se carga en el camión en el mínimo tiempo.
- No se mantiene la temperatura de los productos refrigerados y congelados.
- La mercancía no llega sin ninguna rotura.
- No se entrega la mercancía en las mismas condiciones en las que se cargó.
- Camiones que llegan con retraso y no pueden cargar.
- Proveedores que no tienen la mercancía prevista para la carga.
- Cambios de última hora en el punto de carga previsto.
- Distribuidores que no pueden descargar en el punto de destino por motivos varios.

Se recomienda que la prevención y el control de los errores en almacenes se base en:

- Una definición eficiente de los procedimientos más críticos.
- El control sobre la ejecución de los mismos.
- La gestión adecuada del flujo de información.
- La aplicación eficiente de las herramientas adecuadas.

Se recomienda realizar acciones formativas dirigidas a los empleados sobre la aplicación de:

- Los procedimientos establecidos.
- La gestión y el manejo de las herramientas necesarias.

Se recomienda el registro de:

- Las pérdidas de material.
- El consumo de producto por parte del personal interno.
- Los errores de identificación/codificación.
- Las mermas o productos desechados como defectuosos; ya sea de origen o fruto de la manipulación.

Se recomienda aplicar controles sobre:

- Las reducciones de inventario en la recepción, almacén y zona de despacho de mercancías.
- El peso y la calidad en la recepción de mercancía.

- La revisión de pedidos y formatos mínimos que tienden a dificultar la gestión.
- Los indicadores de productos de alto riesgo (por ejemplo la rotación).

Mejores prácticas:

- Acuerdos logísticos entre las partes.
- Intercambio Electrónico de Datos (EDI).
- Codificación GS1 128.
- Identificación por Radiofrecuencia (RFID).

Indicadores de gestión (KPI - KEY PERFORMANCE INDICATOR): es una magnitud que expresa el comportamiento o desempeño de un proceso, que al compararse con algún nivel de referencia permite detectar desviaciones positivas o negativas. Permiten evaluar el desempeño y el resultado en cada proceso.

Características KPI:

- Cuantificable.
- Consistente.
- Agregable.
- Comparable.
- Nivel de referencia.
- Responsabilidad.
- Periodicidad.
- Sistema de información.

GPS y **radiofrecuencia**, facilitan el acceso a los clientes a la información referente a sus pedidos.

EDI (Electronic Data Interchange), comparte información estandarizada y validada a través de protocolos electrónicos (EDIFACT, XML, IDOC SAP, etc.) con los clientes en tiempo real y fiable.

Responsabilidades en una incidencia:

- Responsables del Departamento de Compras.
- Responsables del Departamento Comercial.
- Responsable de Control de Calidad.
- Responsables de Almacén.

- Responsable de Gestión de Calidad.
- Responsables de Administración.
- Operarios de almacén y personal de transporte.
- Todo el personal.

Componentes básicos de un sistema de gestión de incidencias:

- Asignación de prioridades.
- Enfoque proactivo.
- Adecuación de recursos para la gestión del sistema.
- Selección del método adecuado de detección.
- Documentación de la incidencia, contemplando:
  - Base de datos histórica.
  - Código de causa del error.
  - Asignación de resolución.
  - Canal de comunicación.
- Control y seguimiento de incidencias, para establecer responsabilidades, plazos de actuación y escalado de las mismas.
- Análisis causal y acciones para su erradicación.

Actitud proactiva ante incidencias:

- Tener identificados todos los procesos y subprocesos de la cadena de suministro.
- Realizar un análisis de los procesos para:
  - Identificar los posibles problemas o debilidades.
  - Establecer los indicadores logísticos adecuados.
  - Proporcionar información relativa a la estructura organizativa que los soporta.
  - Identificar las oportunidades de mejora y realizar un plan de acción.
- Consensuar, aprobar e implantar las mejoras identificadas.
- Revisar y realizar el seguimiento de los procesos.
- Disponer de un manual de procedimientos.

Mejores pautas y criterios a seguir a la hora de solucionar una incidencia

- Con diligencia.

- Con compromiso.
- Con involucración.
- Con proactividad.
- Documentando la incidencia adecuadamente y codificándola según su causa.
- Asignando responsabilidades claras para su resolución.
- Haciendo un análisis causal de su origen.
- Llevando a cabo acciones de mejora continua para su erradicación.
- Informando puntualmente al cliente de las causas y las soluciones propuestas.
- Logrando la plena satisfacción del cliente.

Contenido del documento en el que se comunica la incidencia:

- Origen.
- Descripción de la incidencia.
- Acción correctora aprobada.
- Acción correctora aplicada.

Software de gestión de incidencias con base de datos:

- Reduce errores de trascripción.
- Actualiza los datos en tiempo real.
- Da acceso a los datos de forma controlada a los destinatarios necesarios.
- Reduce trabajo burocrático: cada dato se registra una única vez.
- Analiza los datos.
- Integra los datos con el resto de software de gestión de la organización.

Funciones software de gestión de incidencias:

- Grabación de datos.
- Información mínima.
- Clasificación según tipos.
- Seguimiento de la incidencia y solución dada a la misma.
- Costo real o estimado.
- Cliente afectado o proveedor involucrado.
- Punto de la cadena en que se produjo.

Autoevaluación

5.1. Una incidencia es:

a) Toda aquella acción tomada para solucionar una falta de cumplimiento de los requisitos fijados por el sistema de gestión de calidad de la empresa.

b) Todo aquel suceso que tiene relación directa o indirecta sobre la marcha normal de las actividades.

c) Toda aquella acción tomada para prevenir aquello que pudiera ocurrir pero que nunca hasta ahora ha ocurrido.

d) Todo aquello que supone una mejora en la eficacia y/o eficiencia de cualquier actividad.

5.2. Puntos críticos del proceso de distribución son:

a) La cantidad de producto servida.

b) El embalaje de acuerdo a las especificaciones del cliente.

c) Entregas en tiempo y lugar.

d) Todas las anteriores son correctas.

5.3. Se recomienda que la prevención y de control de los errores en almacenes se base en:

a) Una definición eficiente de los procesos más críticos, el control sobre la ejecución de los mismos, la gestión adecuada del flujo de información y la aplicación eficiente de las herramientas adecuadas.

b) El registro de las pérdidas de material, de los errores de identificación y control, y la cuantificación de los mismos.

c) La revisión de pedidos y formatos mínimos que tienden a dificultar la gestión.

d) La identificación por radiofrecuencia (RDFI).

5.4. A la hora de solucionar una incidencia, hay que actuar:

a) Con pasividad, cada uno es responsable de sus actos y sus consecuencias.

b) Con diligencia, compromiso, involucración y proactividad.

c) No informando al cliente.

d) Resolviéndola y continuando con la actividad diaria.

Actividades prácticas

Vamos a visualizar el vídeo "Indicadores en Logística" en Youtube: https://www.youtube.com/watch?v=J--9tkSdeUI&t=0s&list=PLJhQhma9exsaPlpSjNx_xXMH7pKtMp9hW&index=32

Y contestemos a las siguientes cuestiones:

5.1. ¿Cómo ha de ser el objetivo de un indicador KPI?

5.2. ¿Qué objetivos se pretenden alcanzar con la implantación de indicadores KPI?

5.3. ¿Qué aspectos contribuyen a mejorar la implantación de los KPI?

5.4. ¿Qué indicadores podemos definir para cada una de las áreas empresariales (producción, transporte y distribución, almacenaje e inventarios, entregas y atención al cliente)?

5.5. ¿Cuáles son los pasos de implantación de KPI?

5.6. ¿Qué indicadores son imprescindibles en logística?

6. Información, comunicación y cadena de suministro

Introducción

Veíamos que la cadena de suministro se encarga de gestionar todos los flujos de materiales e información desde el primer proveedor hasta el cliente final, maximizando la rentabilidad de las operaciones al mínimo coste posible, integrando a todos los actores, siendo flexible a los cambios y logrando la satisfacción de los clientes.

Para lograr la gestión eficiente de los flujos, las Tecnologías de la Información y la Comunicación se han convertido en una herramienta imprescindible, sobre todo en mercados globalizados.

La integración de las TIC en la organización supone una fuente de mejora de eficiencia para las organizaciones, automatización de sus procesos internos, aumento de la productividad, incremento de la competitividad, etc.

Al hablar de la TIC en la cadena de suministro y los negocios no podemos olvidarnos del **e-commerce**. Una de las nuevas tendencias a nivel mundial propiciada por la globalización de los mercados, y que ha sido posible gracias a la introducción de las TIC en los negocios.

Nuevos modelos de negocio, como los basados en el comercio electrónico, requieren que la logística adapte sus procesos. Al igual que posibilita la entrada de pedidos online, también exige el tratamiento y respuesta a esos pedidos de forma electrónica, con eficacia y seguridad. Para ello, la empresa debe disponer de sistemas informáticos potentes y estructuras organizativas capaces de soportar esta nueva manera de proceder. Los sistemas informáticos proporcionan una rapidez de procesamiento de la información y de acceso a la misma que reduce significativamente los tiempos de actividad, respecto al tratamiento manual o parcialmente informatizado.

La empresa debe buscar la integración de las plataformas de comercio electrónico dentro de las herramientas TIC disponibles en la empresa, lograr una vinculación con los programas de gestión internos (ERP) para optimizar el proceso, reducir trámites y ahorrar costes al mismo tiempo que lograr transmitir veracidad, confianza y seguridad al comprador simplificando el proceso.

Contenido

6.1. Tecnología y sistemas de información en logística

6.2. La pirámide de información

6.3. Ventajas y posibles inconvenientes: costo y complejidad del sistema

6.4. La comunicación formal e informal

6.5. Sistemas de utilización tradicional y de vanguardia: la informática, satélites, GPS, EDI, transmisión de ficheros, e-mail, teléfono, fax. Características. Pros y contras de los diferentes sistemas

6.6. Información habitual en el almacén

6.1. Tecnología y sistemas de información en logística

Las nuevas tecnologías aplicadas a la logística han permitido incrementar la productividad al incorporar mecanismos automáticos para los procesos más delicados, como la recogida, identificación y trazabilidad de los productos.

Nuevos modelos de negocio, como los basados en el comercio electrónico, requieren que la logística adapte sus procesos. Al igual que posibilita la entrada de pedidos online, también exige el tratamiento y respuesta a esos pedidos de forma electrónica, con eficacia y seguridad.

Para ello, la empresa debe disponer de sistemas informáticos y estructuras organizativas capaces de asimilar este nuevo modelo de negocio. Los sistemas informáticos proporcionan una rapidez de procesamiento de la información y de acceso a la misma que reduce significativamente los tiempos de actividad, respecto al tratamiento manual o parcialmente informatizado.

Muchas empresas ofrecen a sus clientes poder conocer en tiempo real el estado de su pedido (Internet, EDI, etc.), ofreciendo un servicio de trazabilidad de los productos que se extiende a los clientes de sus clientes.

Las empresas del sector deben apoyarse en las tecnologías de la información para aumentar su ventaja competitiva sostenible. La logística debe transformarse hacia entregas más personalizadas, rápidas y con máxima capilaridad. Entre las áreas consideradas de especial valor están:

- Intercambio electrónico de datos (EDI).
- Sistemas de control y gestión de transporte.
- Sistemas de control y gestión de pedidos.
- Sistemas de captura y transmisión de información como código de barras y radiofrecuencia (RFID).
- Sistemas de gestión y control de mercancía (SGA).
- Plataformas de comercio electrónico.

Cada una de estas tecnologías aporta su valor para ayudar a reducir costes logísticos totales y mejorar el servicio, desarrollando **sistemas logísticos de información para gestionar, controlar y medir actividades logísticas.**

6.2. La pirámide de información

La información se puede representar como ubicada dentro de una pirámide, en la base están los datos que maneja el negocio en la operación diaria, en el siguiente nivel están esos datos consolidados, resumidos y monitorizados a nivel táctico y en la parte más alta está la información gerencial al que llegan los datos agrupados, filtrados y relacionados entre sí de tal manera que muestren hechos que normalmente no vemos en los datos que manejamos en el día a día.

Al igual que en la pirámide de costes, el fundamento piramidal se basa en la retroalimentación de los diferentes niveles de la misma, desde operaciones diarias a gerencia y viceversa. Operaciones informa del día a día al control táctico que mide y controla la consecución de los objetivos anuales (indicadores de gestión), trasladando esta información a gerencia.

Gerencia, en base a esa información (del tipo que sea), monitoriza en base a indicadores estratégicos y toma decisiones que afectan tanto a la operativa, a la táctica anual como a la estrategia empresarial, trasladándolas al resto de niveles inferiores.

Vemos que cobran especial importancia las TIC como herramienta de procesamiento de la información dentro de la pirámide, ya que permite la grabación y el tratamiento de la información en tiempo real y agiliza tanto la toma de decisiones en todos los niveles como la gestión de la misma.

6.3. Ventajas y posibles inconvenientes: costo y complejidad del sistema

Como ya hemos señalado, la gran ventaja de implantar las TIC en la gestión logística es la **rapidez y fiabilidad de procesamiento de la información** y de acceso a la misma que reduce significativamente los tiempos de actividad y por consiguiente aumenta la ventaja competitiva de las organizaciones.

Sin embargo, hay dos variables que pueden dificultar la aplicación evidente de las TIC en la gestión:

- Coste. Tecnologías como RFID o NFC aún requieren de una importante inversión, con lo que hay que calcular muy bien los ahorros en costes, la mejora de la productividad y la tasa de retorno en la inversión.
- Formación. El uso de estas tecnologías implica un grado de formación de todo el personal de la empresa.

Veamos las ventajas de la aplicación de las TIC en las diferentes actividades logísticas:

- **Gestión de almacenes**

  Un SGA proporciona al usuario una visión en tiempo real de una parte importante de la cadena de suministro, ayudando a mejorar su control, el proceso de toma de decisiones y los niveles de servicio al cliente (pedidos bien suministrados y en tiempo).

Dentro de sus funciones, los SGAs incluyen la gestión de los principales procesos que tienen lugar en un almacén:

— Recepción y ubicación de la mercancía.

— Extracción y embalado.

— Expedición.

— Control de inventario

Los Sistemas de Gestión de Almacenes (SGA) aportan mayor rentabilidad en la preparación de pedidos, ahorro de mano de obra, reducción de los ciclos de preparación, alta fiabilidad, control de inventario y ahorro de espacio.

- **Gestión de pedidos y distribución**

  Los modelos de negocio basados en el comercio electrónico, requieren el tratamiento y respuesta a los pedidos on-line generados en este comercio de forma electrónica, con eficacia y seguridad.

  Además, estos nuevos modelos cada vez exigen más una distribución más rápida y personalizada, lo que supone un mayor aumento de la capilarización de la distribución y de la complejidad del proceso de distribución. Las TIC nos proporcionan la herramienta perfecta para poder gestionar y controlar este proceso de manera óptima.

- **Gestión de aprovisionamiento**

  El intercambio electrónico de información (EDI) en este proceso permite:

  — Generar autofacturación a partir de los consumos realizados.

  — Elaborar pedidos automáticos a los proveedores.

  — Mejorar el proceso de entrega mediante la reducción del ciclo de planificación.

- **Previsión y planificación de la demanda para gestión de stocks**

  La utilización de software S&OP (Sales & Operations planning) y CPRF (Collaborative Planning Forecasting and Replenishment) permiten la transferencia de información entre las diferentes partes de la cadena de suministro, manteniendo así sincronizada toda la planificación de la cadena y pudiendo realizar previsiones de demanda y stock:

  — Mejorando la disponibilidad a través de la revisión y el control de la demanda.

- — Mejorando la precisión de las predicciones.
- — Controlando los niveles de inventario para minimizar los efectos producidos por los picos de demanda.
- — Complementando la evaluación de la post-promociones.

6.4. La comunicación formal e informal

La comunicación es el proceso mediante el cual se transmiten y se reciben datos, ideas, opiniones y actitudes para lograr una comprensión plena y una acción eficiente.

Distinguimos así dos tipos de comunicación, según se efectúa dentro o fuera de las directrices marcadas por la empresa para la generación y transmisión de la misma:

- **Comunicación formal**, es la comunicación que establece la empresa atendiendo a sus necesidades de organización y gestión, siguiendo canales y formas establecidos previamente. Ha de cumplir los siguientes objetivos:
  - — Transmitir la información útil para la toma de decisiones.
  - — Transmitir la información con exactitud.
  - — Transmitir la información con rapidez.
  - — Transmitir la información sin errores.
- **Comunicación informal**, se conforma en torno a las relaciones sociales de los miembros, tanto internos como externos de la empresa. Se genera a lo largo de toda la cadena de suministro y surge siempre que un miembro siente la necesidad de comunicarse con otro sin que exista ningún canal formal para ello, o si los que existen son inadecuados.

6.4.1. Comunicación oral y comunicación en soporte comprobable

En muchas ocasiones, la comunicación surge dentro de un contexto oral (reuniones, conversaciones informales, etc. Esta suele ser una comunicación informal, caracterizada por el intercambio de datos, opiniones, etc. entre dos o más interlocutores.

La comunicación oral supone una importante fuente de datos para la organización, sobre todo cuando traspasamos las fronteras de la misma (fundamental en las relaciones con clientes y proveedores).

La comunicación en soporte comprobable supone el registro y la transmisión de la información por medios escritos, ya sea en papel o en soporte electrónico. Este último facilita el tratamiento de la información registrada y el acceso a la misma desde cualquier punto de la cadena de suministro.

6.4.2. Metodología en la generación y transmisión de la información

Ya hemos comentado anteriormente la importancia de la veracidad y la fiabilidad, en tiempo real, fácil de manejar e interpretar, del flujo de información en la empresa. Definiendo procesos de generación y transmisión de la misma a lo largo de la cadena de suministro (es decir, estableciendo el método, el qué y cómo lo voy a hacer), nos aseguraremos del cumplimiento de estos objetivos.

En este contexto, las TIC cobran una importancia estratégica. Su propio nombre nos lo indica, Tecnologías de la Información y la Comunicación, nos aportan así los medios apropiados para diseñar la metodología de generación y transmisión de la información en la empresa y fuera de ella.

De base, esta metodología ha de recoger la generación y transmisión de la información de:

- Generación de pedidos.
- Extracción y preparación de los mismos.
- Transporte.
- Gestión del stock.
- Documentación necesaria en la cadena (albaranes, facturas, ordenes de pedido, ordenes de picking, cartas de porte, documentos de cobro, etc.)
- Indicadores.
- Previsiones de demanda.
- Datos de clientes y proveedores.

6.5. Sistemas de utilización tradicional y de vanguardia: la informática, satélites, GPS, EDI, transmisión de ficheros, e-mail, teléfono, fax. Características. Pros y contras de los diferentes sistemas

El sistema de posicionamiento global mediante satélites (GPS) supone uno de los más importantes avances tecnológicos de las últimas décadas.

Una de las grandes aplicaciones que ha tenido el GPS ha sido en la gestión de la flota de las empresas, porque permite saber dónde está un coche o camión de flota, con exactitud y en tiempo real, verificar el cumplimiento de itinerarios programados o rutas preestablecidas. También la transmisión de mensajes y ayuda a la operativa mediante la conexión del usuario a una página web o intranet.

El concepto de flota engloba cualquier tipo de vehículo (industrial, comercial, turismo, etc.) y cualquier tipo de uso (ventas, transporte de viajeros, mercancías, servicios de asistencia técnica, etc.).

Con un sistema de control de flotas es posible conocer cualquier circunstancia que se produzca en el vehículo y responder al mismo, gestionando todo tipo de avisos y alarmas. El control de flotas es más que un GPS para localizar vehículos. La tecnología que lo sustenta permite transmitir y recibir datos, conectarse a sensores para apertura y cierre de puertas, controlar la temperatura de las cámaras frigoríficas, los tiempos de conducción, las pistolas de lectura de código de barras, emitir facturas, etc.

Aunque la implantación de un sistema de control de flotas tiene un coste elevado, una de sus ventajas es el ahorro en comunicaciones, pues al utilizar transmisión de datos vía GPS en lugar de llamadas de voz o mensajes SMS, el ahorro es considerable.

El desarrollo en la aplicación de las TIC más significativo, que tiene mayor aplicación y beneficios demostrables hasta ahora es **EDI (Intercambio Electrónico de Datos)**, que permite el intercambio de información de manera electrónica entre todos los actores de la cadena de suministro utilizando una serie de estándares. Estos estándares permiten a sistemas incompatibles poder hablar de manera efectiva el uno con el otro. Además, permiten la generación e intercambio de toda la documentación comercial y administrativa necesaria, así como de los informes de gestión (previsiones de demanda, etc.).

E-procurement es una tecnología que facilita la integración al comunicar de manera rápida y confiable la información necesaria para anticipar problemas, establecer acciones correctivas y alternativas que permitan el buen funcionamiento de ambas organizaciones.

El e-procurement, suministro de productos y servicios vía Internet, es la principal aplicación del comercio electrónico B2B (comercio entre empresas), esto permite a las compañías aumentar de manera significativa su valor al integrar su cadena de suministros a la Red. Es la sistematización de procesos internos y externos relacionados con el requerimiento, compra, suministro, pago y control de productos utilizando Internet como medio principal en la comunicación cliente-proveedor. Se realiza en tiempo real y permite conocer los datos al instante de producirse algún cambio en las variables.

Otro de los beneficios es el acceso desde cualquier punto en donde exista servicio de Internet sin importar las distancias geográficas, o estar fuera de las instalaciones de la empresa. Además cuenta con acceso restringido al personal que previamente ha sido autorizado por cliente y proveedor para intercambiar información. Esto es muy importante para mantener la protección a la información estratégica del negocio y cumple con los parámetros establecidos en las relaciones negocio a negocio (B2B).

Se debe tomar en consideración como alternativa de comunicación a la **telefonía tradicional** y **el fax**, el uso de herramientas web, como la disponibilidad de Extranet e Intranet y el uso del **correo electrónico**.

El correo electrónico permite acelerar determinados procesos del negocio, como la relación con clientes, ya que proporciona inmediatez en la comunicación, elemento de gran importancia para el sector transporte y sus procesos de negocio (gestión de pedidos, entregas, gestión de incidencias y relación con los propios proveedores y clientes finales, etc.).

6.6. Información habitual en el almacén

Veamos a continuación cual es la documentación habitual que vamos a manejar en la operativa del almacén, desde que el cliente genera un pedido hasta que el material llega a sus instalaciones.

6.6.1. Picking list, packing list, reports de actividad e incidencias

- **Orden de picking**. Es el documento donde nos transmiten la información de los productos que debemos recoger, dónde están y en qué orden debemos recogerlos.

  Esta información se puede entregar en soporte:

  — Papel.

  — Información en el terminal (radiofrecuencia).

  — Señales luminosas (picking por luz).

  — Por voz (picking por voz).

- **Albarán o packing list**. Es el documento que contiene el listado de productos suministrados. Se emite al finalizar la preparación del pedido, si todo ha ido bien, no ha habido errores y las existencias de productos en almacén son suficientes, el albarán coincidirá con la nota de pedido y con la suma de las órdenes de picking.

Además, es el comprobante de la propiedad y entrega de la mercancía. Ha de contener:

- — Lugar y fecha de emisión.
- — Nombre y número de orden del comprobante.
- — Nombre y domicilio del vendedor y del comprador.
- — Número del documento de identificación fiscal del emisor.
- — Número del documento de identificación fiscal del destinatario.
- — **Detalle de las mercaderías solicitadas.**
- — Lugar de entrega.
- — Medio por el cual se envían las mercaderías.
- — Firma de la persona que recibe las mercaderías.

- Los **reports de actividad e incidencias**. En la actividad de almacén es fundamental mantener un registro de las actividades u operaciones realizadas, con objeto de medir la productividad del almacén.

Asimismo, como ya hemos visto en el capítulo de gestión de incidencias, se tendrán que registrar todas las incidencias que ocurran en el desempeño de las actividades, junto con las acciones correctivas y preventivas asociadas.

6.6.2. Pedidos de clientes y pedidos a proveedores

En el caso de que el cliente realice un pedido, este se instrumentará en un documento denominado hoja de pedido u orden de compra, documento que o bien generará el comercial de la empresa encargado de la venta, o bien el departamento de compras de nuestro cliente.

Este documento será el que comience a mover la rueda de la cadena de suministro, pasando por compras, producción, almacén y distribución hasta que el material sea adecuadamente servido en las instalaciones de nuestro cliente.

Veamos a continuación las características y la información que ha de recoger este documento.

- Referencia del artículo.
- Cantidad (unidades mínimas de pedido).
- Detalle, descripción del artículo (o unidades de venta).
- Precio y condiciones de pago.
- Condiciones de envío y transporte.

- El documento original es para el vendedor e implica que debe preparar el pedido. El duplicado es para el comprador y es una constancia de las mercaderías o servicios encargados.

6.6.3. Información sobre flujos internos y flujos con terceros (entradas y salidas al y del almacén)

Cuando recibimos mercancía fruto de una compra, en el momento de recepcionarla físicamente y darle entrada en nuestro almacén, generaremos un documento interno (lo generará el responsable de la recepción o el sistema de captura de datos integrado en el SGA) denominado **hoja de recepción**, en el que reflejaremos y vincularemos todos los datos de la orden de compra y todas las anomalías detectadas en la recepción, como son:

- Unidades pedidas y unidades efectivamente recibidas.
- Unidades pendientes de recibir.
- Observaciones acerca de posibles anomalías en la recepción de productos.
- Productos a devolver por no haber sido pedidos.

Este documento se utiliza para controlar la entrada efectiva de mercancías en el almacén y su correlación con el pedido realizado.

Si entre cliente y proveedor existe una relación comercial continuada, la AECOC en su RAL Normalización para la entrega-recepción, recomienda la utilización de una **ficha logística**: "documento diseñado para contener los datos y acuerdos relacionados con las operaciones de la Entrega-Recepción".

El proveedor deberá transmitir, en su caso, al operador de transporte los acuerdos de la ficha logística. Estos acuerdos, según la AECOC, deberán versar acerca de:

- Plazos de entrega. Debe fijarse en el pedido la fecha concreta de la entrega.
- Horarios de descarga o turnos de descarga. Se recomienda acordar entre receptor y cargador una hora de entrega. Se recomienda ampliar los horarios de recepción por parte del cliente, así como la adecuación a estos de los horarios de servicios o reparto por parte del proveedor, con el fin de evitar las ineficiencias en las operaciones de entrega y re-

cepción, producidas por la excesiva concentración horaria para realizar dichas entregas.

En el caso de no existir hora convenida de descarga, se asignará un turno de descarga en función de la hora de llegada del vehículo al recinto de recepción.

- Comunicación entre cliente y proveedor. Se recomienda ampliar y agilizar el sistema de comunicación entre clientes y proveedores, con el fin de conseguir por ambas partes una mayor coordinación en las actividades generales y promocionales.
- Entregas paletizadas, intercambio/pool de palets y especificaciones de uso. la mercancía debe estar empaquetada y paletizada de forma que pueda almacenarse en los más variados sistemas de almacenaje ajustados a las dimensiones recomendadas por AECOC sobre paletización y embalajes.

  En el caso de que el proveedor use un Pool de paletas, el receptor facilitará y realizará la clasificación de las mismas, así como proveerá de los medios necesarios a la hora de su recogida. Tanto proveedor como cliente se comprometen en el control del buen uso del Pool.

  En caso de intercambios de paletas, este será objeto de acuerdo entre las partes e indicado en la ficha logística.
- Incidencias en las entregas. las deficiencias de las mercancías observadas en la recepción deberán indicarse en el albarán de entrega, recabándose la firma del transportista en todas las copias del documento de entrega.

  Se realizará la descarga y el tratamiento de la mercancía en mal estado en función de los acuerdos reflejados sobre esta materia en la ficha logística.
- Productos con temperatura controlada. La temperatura controlada o de congelación para la conservación de productos debe indicarse en la ficha logística.
- Fechas de consumo. La diferencia de tiempo entre la fecha de consumo preferente y/o fecha de caducidad y la fecha de recepción se acordará entre clientes y proveedores, y se reflejará en la ficha logística.
- Devolución de mercancías. La recepción de mercancía no debe estar condicionada por la retirada de otra mercancía pendiente de recogida. Las condiciones de las retiradas de estas mercancías se recogerán en la ficha logística.

- Fichas de producto. Debe potenciarse la transmisión y empleo de las fichas de productos según la norma EANCOM y su actualización permanente. Se recomienda el uso del mensaje PRICAT y del catalogo de productos AECOC DATA.

  La identificación de las unidades de envío debe corresponderse con los datos de la ficha de producto [PRICAT]. El proveedor debe comunicar con la suficiente antelación al cliente cualquier cambio que afecte a la ficha de producto [PRICAT].

- Comprobación de las mercancías entregadas. Se recomienda la utilización del Lenguaje Común EANCOM y los Identificadores de Aplicación EAN-128 para evitar las incidencias entre lo entregado y lo solicitado.
- Conformidad a la recepción. El Receptor dará conformidad a la Recepción de mercancía mediante la aplicación de un sello con firma y fecha sobre el albarán en el cual se podrá hacer constar el texto “Conforme salvo examen de contenido”.
- Datos y confirmación del rechazo de las mercancías. En caso de rechazo de mercancía por parte del cliente, este aplicará un sello identificativo de rechazo en el albarán de entrega, incluyendo el nombre del centro, la fecha, motivo del rechazo, y nombre y firma de la persona responsable de la recepción.
- Control del tiempo de recepción. El receptor de la mercancía indicará en el albarán de entrega la información de la hora de entrada acordada por el cliente, hora de llegada y hora de salida.

Una vez recepcionada la mercancía, hay que **ubicarla dentro del almacén**. Las nuevas tecnologías se pueden utilizar también para mejorar otras tareas que tienen lugar dentro de la actividad de un almacén como, por ejemplo, la identificación de ubicaciones.

Saber que se ha recibido un producto es muy distinto a conocer dónde se ha colocado. En muchas ocasiones, surgen graves problemas causados por productos almacenados en un lugar equivocado, u olvidos de asignaciones de ubicación temporales.

Un sistema de identificación de ubicaciones consistiría en una serie de equipos capaces de identificar, mediante un código, tanto las mercancías como los lugares de almacenaje existentes [máxime cuando se utiliza un sistema de almacenaje caótico]. Una vez hecho esto, el sistema se encargaría de realizar una comprobación por software en tiempo real de que el producto se va a colocar en el lugar correcto. En caso contrario, el operador recibiría una alerta avisándole del error y del lugar adecuado para ese producto.

Para poder llevar a cabo este proceso, es necesario disponer de unos almacenes correctamente estructurados y clasificados, en donde cada uno de los posibles lugares donde almacenar un producto esté perfectamente identificado y localizado.

Existen varios métodos para realizar la identificación de los productos y las localizaciones, pero los dos más comunes son el uso de códigos de barras y las etiquetas inteligentes de identificación por radiofrecuencia (RFID, NFC).

Para la **gestión del stock**, (conocer y verificar qué es lo que se tiene y qué es lo que se debería tener, dónde está y dónde debería estar, y por último, cuál es el momento más adecuado para reponer), la manera más común de realizarla consiste en añadir a las cuentas actuales de stock la entrada de nuevas mercancías y de descontar la salida de productos terminados. Se complementa con el ajuste periódico de los niveles de stock por medio de un recuento manual.

Un control efectivo requiere tener unos buenos sistemas de recogida de datos, tanto de cantidad de productos como de la localización de los mismos.

El uso de sistemas de gestión de almacén y la identificación por radiofrecuencia resuelven las necesidades de conocimiento de inventarios en tiempo real o al menos con un período de actualización elevado, y eliminan los problemas relacionados con las necesidades de disponibilidad de recursos humanos dedicados y la propensión a errores de los mismos, así como de evitar situaciones de sobre-stock de materias de baja rotación, o de carencia de existencias en un momento de necesidad.

Por otra parte, también se intenta paliar la probabilidad de sufrir retrasos en los tiempos de entrega o equivocaciones en las cantidades de productos pactados, lo cual evita que la empresa pueda ver cuestionada su capacidad y pierda la confianza de los clientes.

En cuanto al proceso de recogida de material para la preparación de pedidos a los clientes (**picking**), tradicionalmente se le ha proporcionado al operario una lista con los productos a retirar del almacén, y él se ha encargado de buscarlos y retirarlos.

Este sistema de organización manual del picking está sujeto a la subjetividad del operario, a su destreza y experiencia, por lo que la productividad es un factor variable entre los diferentes trabajadores.

La existencia de un sistema de ubicaciones como el anterior, que sea capaz de identificar tanto el producto como la situación, puede proporcionar grandes beneficios en la mejora de la velocidad y la eficiencia a la hora de gestionar la retirada de almacén de los productos. Un software especial le proporcionaría a la persona encargada de realizar el proceso de picking manual un listado con las rutas de trabajo optimizadas, para alcanzar una mayor productividad y eficiencia en la recogida.

Además, se podrían realizar comprobaciones instantáneas con el fin de controlar si la mercancía recogida es la esperada o se produce un error.

6.6.4. Documentos de transporte nacional, de exportación y de importación

Veamos a continuación la documentación de transporte que tiene que acompañar a la mercancía, tanto en el ámbito nacional como en el internacional, así como la documentación anexa que tiene que gestionarse para la exportación e importación de mercancías.

- **Transporte nacional. La carta de porte**

  Es el documento que justifica el desplazamiento de mercancías y el contenido de las mismas. Ha de recoger la naturaleza, peso y, en su caso, número de bultos de la mercancía transportada.

  Es obligatoria en carga completa (un origen, un destino/cliente) en España.

  En carga fraccionada no es obligatoria (uno o varios orígenes, varios destinos/clientes). En ese caso, se expide una **hoja de ruta**:

  — Sustituye a la carta de porte en carga fraccionada.

  — Indica los destinos en los que debe descargar. Para cada entrega se especificarán los bultos que debe descargar.

- **Transporte Internacional.** Distinguiremos según el medio de transporte utilizado:

  — **Carretera.** El contrato de transporte internacional de mercancías por carretera se rige por el Convenio **CMR**, suscrito en Ginebra en 1956 y ratificado por España en 1974.

  El Convenio se aplicará a todos los contratos de transporte por carretera en los que no coincida país de carga y de entrega, siempre que al menos uno de los dos países haya firmado el Convenio.

  No será de aplicación en los transportes postales internacionales, funerarios y de mudanzas.

  La Carta de Porte (CMR), se expedirá en cuatro ejemplares originales, firmados tanto por el remitente como por el transportista. El primer ejemplar queda en poder del remitente, el segundo viaja junto a las mercancías, el tercero queda en poder del destinatario y el cuarto lo firma y sella el destinatario y para posteriormente remitirlo al expedidor.

El transportista puede exigir varias Cartas de Porte acordes con el tipo de mercancía o con los vehículos utilizados, siempre que se transporte diversos tipos de mercancía en distintos lotes y/o si la mercancía viene transportada en más de un vehículo.

Si la carga se ha realizado en régimen completo, se permitirá una sola carta de porte CMR.

— **Barco. Conocimiento de embarque marítimo (B/L, Bill of Landing)**. Es el documento de transporte marítimo puerto a puerto que cumple con las siguientes funciones y características:

  - Es un recibo de las mercancías embarcadas y certifica el estado en que estas se encuentran.
  - Prueba la existencia del Contrato de Transporte, cuyas condiciones suelen figurar al dorso.
  - Acredita el título de propiedad de la carga transportada a favor de su legítimo tenedor y mediante el cual y exclusivamente se tiene derecho a recibir en el puerto de destino la mercancía.
  - Es negociable y admitido como título de crédito por los bancos en los créditos documentarios.

¿Quién emite y firma el B/L? Los encargados de emitir el B/L son los transportistas (navieras, armadores o agentes consignatarios de buques) o bien el capitán del buque o un agente designado por el mismo.

A instancia de los exportadores (o de sus agentes de aduanas), se suelen emitir tres o cinco ejemplares originales de B/L.

El circuito documental del B/L es el siguiente: El emisor del B/L lo envía al exportador normalmente a través de su agente de aduanas. Los exportadores deben remitir posteriormente el B/L original a los importadores (por courier, vía bancos o junto con la mercancía) para que estos (o sus agentes de aduanas) puedan retirar las mercancías en el puerto de destino.

El consignatario ("consignee") es el receptor de la mercancía y puede por lo tanto ser el importador o su agente de aduanas.

En los créditos documentarios, el consignatario también puede ser el banco que avala la compra.

El “notify” es la persona a la que se le notifica la llegada a puerto de la mercancía.

El B/L puede emitirse a la orden del “shipper” (cargador), a la orden del “consignee” (receptor), nominativo (indicando el nombre del receptor de la mercancía) y al portador. En los dos últimos supuestos no cabe endosar el documento a un tercero.

— **Aéreo. Carta de porte aéreo, conocimiento aéreo o air waybill**, es el documento empleado en el transporte de mercancías vía aérea, que cumple con las siguientes funciones y características:

- Salvo prueba en contrario, da fe de la ultimación del contrato de transporte.
- Da fe de la recepción de la mercadería por parte del transportista.
- Da fe de las condiciones pactadas de transporte.
- Establece las instrucciones de manipulación y cuidado de la mercadería durante su transporte y entrega.
- Salvo prueba en contrario, da fe de las indicaciones relativas al peso, dimensiones, embalaje y número de bultos.
- Sirve como justificante contable del transporte de los fletes.
- Constituye una prueba de recepción de la mercancía por el destinatario.
- Es una declaración para el despacho de aduanas.
- Es un Certificado de Seguro, en aquellos casos en que el expedidor haya solicitado expresamente cobertura y haya especificado el valor de la mercancía.

Cada carta de porte aéreo, está compuesta por un juego de tres originales y al menos seis copias, que se distribuirán de la siguiente forma:

- Original 1. De color verde, es para la línea aérea, es la prueba del contrato de transporte a efectuar.
- Original 2. De color rosa, es para el destinatario, acompaña a la expedición y se le entrega al destinatario.
- Original 3. De color azul, es para el expedidor, se utiliza como recibo de la mercancía y aceptación de su transporte.
- Copia 1. De color amarillo, la firma el destinatario cuando el transportista le entrega la mercancía.

- Copia 2. De color blanco, es para el aeropuerto de destino.
- Copia 3, 4 y 5. De color blanco, son para los sucesivos transportistas aéreos en el caso de haber más de uno.
- Copia 6. De color blanco, es para el agente de carga aérea.

Los datos de mayor importancia que deben figurar en todos los conocimientos son:

- Número codificado (tres dígitos) de la compañía aérea transportista, número de serie del conocimiento.
- Aeropuerto de salida.
- Ruta solicitada y transportistas sucesivos, si procede.
- Aeropuerto de destino.
- Nombre y dirección de la oficina principal de la línea aérea.
- Nombre y dirección completa del expedidor.
- Nombre y dirección completa del destinatario.
- Ciudad y número codificado del Agente IATA.
- Información contable requerida: Método y forma de pago, gastos, etc.
- Valor asegurado, en el caso de que el transportista aéreo ofrezca servicio de seguro y desee efectuarlo el expedidor. Importe total de la prima aplicada.

En la práctica puede emitirse House Air Waybill, que lo emite el transitario, o el Master Air Waybill, que lo emite la aerolínea.

— **Ferroviario. Carta de porte ferroviario CIM**. Se utiliza en la contratación de los servicios de transporte ferroviario. Mediante este documento, el transportista se obliga a la realización del traslado de las mercancías en las condiciones acordadas a cambio de un importe determinado.

La Carta de Porte CIM es prueba del contrato de transporte y además forma parte de título de propiedad de la mercancía.

Mediante este contrato la empresa porteadora se compromete a prestar el servicio que en este se estipula y de acuerdo a las condiciones de transporte impresas en el reverso del original.

El remitente tiene la obligación de enviar oportunamente el conocimiento original al consignatario, para que este pueda retirar en el destino el embarque mediante la prestación y entrega del citado documento debidamente firmado, además de la liquidación correspondiente por el transporte efectuado. Se extiende una sola Carta de Porte por expedición, que ampara las mercancías por igual durante todo el trayecto, aunque intervenga más de un ferrocarril.

La Carta de porte CIM deben cumplir con unas características concretas:

- Debe ser cumplimentado por el expedidor.
- Debe estar redactado tanto en el idioma del país de origen como en el idioma del país de destino.
- Para cada remesa se emitirá una Carta de Porte. Todas las mercancías amparadas en una misma Carta de Porte deberán viajar en un solo vagón.

Es muy importante que en la Carta de Porte figuren una serie de datos:

- Fecha.
- Nombre de la primera estación.
- Nombre de la estación de destino.
- Ruta a seguir, en el caso de que el expedidor desee alguna en especial.
- Nombre y dirección del expedidor.
- Nombre y dirección del destinatario.
- Descripción de la mercancía. Peligrosidad, en caso necesario.
- Peso bruto de la mercancía.
- Número de bultos y tipo de embalaje.
- Número de vagón.
- Relación de documentos suplementarios (certificados de peso, calidad, fitosanitarios, aduaneros, etc.).
- Detalle de gastos incurridos con motivo del transporte.

— **Multimodal. FIATA Bill of Lading**. Es el conocimiento de embarque pensado para el transporte multimodal.

Cuando se extiende un FBL (conocimiento de embarque FIATA) se unen en un único contrato las diferentes secciones de un contrato de transporte.

La FIATA, Federación Internacional de Transitarios con sede en Zúrich, utiliza un modelo de conocimiento de embarque para transporte combinado.

Este documento presenta una razonable analogía estructural con el conocimiento de embarque marítimo, ya que sus originales mantienen la condición de contrato de transporte, de título de crédito y de acuse de recibo de la mercancía por parte del transitario.

El agente de carga o transportista que extiende el FIATA Bill of Lading garantiza y está obligado al transporte a lo largo de todo el trayecto hasta el destinatario. Se utiliza para el transporte multimodal, es decir, para la combinación de dos o más medios de transporte y cuando exista un único porteador responsable de todo el transporte. A este operador se le conocerá como Operador del Transporte Multimodal (OMT).

Por tanto, podemos indicar que mediante este contrato el transitario actúa como operador de transporte multimodal, por lo que se hace responsable de la mercancía y de la ejecución del transporte.

La responsabilidad del transitario no únicamente alcanza a la entrega de la mercancía en destino, sino que debe responder también por los hechos y los actos del porteador o de terceras personas utilizadas para la ejecución del transporte.

Este tipo de contrato tan solo pueden emitirlo Organizaciones Nacionales de Transitarios que estén integradas en FIATA.

En el FIATA Bill of Lading, siempre se consignarán los siguientes datos de manera ineludible:

- Partes contratantes.
- Mercancía a transportar.
- Itinerario de transporte.
- Precio del transporte.

Otros documentos que deben acompañar a la mercancía, tanto en la exportación como en la importación son (según el tipo de mercancía a importar/exportar):

- Certificado de Circulación EUR.1.
- Certificado de Circulación EUR.2.
- Certificado de Circulación ATR.1.
- Certificado de Circulación ATR.3.
- Certificado de Origen.
- Certificado de Origen FORM A.

- Documento Administrativo de Acompañamiento (Modelo 500).
- Certificado sanitario para la exportación de productos alimentarios.
- Solicitud de inspección a los organismos de inspección (SOIVRE).
- Certificado fitosanitario.
- Certificado farmacológico.
- Certificado veterinario de exportación.
- Certificado de control de calidad SOIVRE (para exportaciones).
- Certificado de control CEE/SOIVRE frutas y hortalizas.
- Certificado CITES.
- Solicitud de importación temporal.
- Solicitud de actuaciones previas al Despacho (C5).
- Factura del agente de aduanas.
- DUA exportación (Documento Único Administrativo).
- DUA importación (Documento Único Administrativo).
- Autorización Administrativa de Exportación por operación (AAE).
- Notificación Previa de Exportación (NOPE).
- Notificación Previa de Importación (NOPI).
- Autorización Administrativa de Importación (AAI).
- Licencia de Importación (LI).
- Declaración complementaria a la Licencia de Importación.
- Solicitud de Documento de Vigilancia.
- Solicitud de adjudicación de contingente cuantitativo de importación.
- Asignación de contingente arancelario de importación.
- Autorización Administrativa global de exportación.
- Certificado internacional de importación.
- Inscripción en registro de tecnologías de doble uso (036).
- FORM APR (País SPG).
- Declaración de valor (DV1).
- Solicitud de gestión de un depósito aduanero.
- Modelo de notificación de concesión de un depósito aduanero.

- Modelo de Declaración de depósito fiscal.
- Solicitud de Información Arancelaria Vinculante.
- Certificado de autenticidad de uvas frescas de mesa emperador.
- Certificado para las preparaciones llamadas fondues.
- Certificado de denominación de origen de vino Tokay.
- Certificado de autenticidad del Bourbon Whisky.
- Certificado de autenticidad del tabaco.
- Certificado de calidad de Nitrato de Chile.
- Solicitud de autorización del régimen de transformación bajo control aduanero.
- Autorización de transformación bajo control aduanero.
- Certificado de importación de productos agroalimentarios (AGRIM).
- Cuaderno ATA.
- Documento Unificado de Exportación (DUE).
- Hoja liquidativa y contable 031.
- Licencia de exportación/expedición de material de defensa y doble uso.
- Licencia de transferencia de material de defensa y doble uso.
- Factura aduanera.
- Certificado de exportación de productos agroalimentarios (AGREX).
- Certificado de cuota.
- Movimiento de dinero por frontera.
- Declaración de proveedor para productos originarios a título preferencia.
- Declaración de proveedor a largo plazo de productos originarios a título preferencial.
- Solicitud de Certificado OEA.
- Certificado OEA.

6.6.5. Terminología y simbología utilizadas en la gestión del almacén

PICKING. Proceso del almacén logístico cuyo fin es recolectar una serie de productos almacenados en el almacén, y reagruparlos en un lugar especificado antes de su embalado y expedición hacia los clientes.

LAY OUT. Disposición de los elementos (estanterías, pasillos, oficinas, muelles, etc.) dentro del almacén.

CARGA COMPLETA. Pedido de material consolidado de un origen a un solo destino.

CARGA FRACCIONADA. Pedidos de material consolidados de uno o varios oríge-nes a uno o varios destinos (siempre ha de darse variedad o en origen o en destino).

ORDEN DE PEDIDO. Documento que emite el comprador para pedir mercancía al vendedor.

ORDEN DE PICKING. Documento que recoge la información de los productos a extraer recoger, dónde están y en qué orden han de extraerse del almacén.

EMBALAJE. Recipiente o envoltura que contiene envases para su protección, agrupación, etiquetado y manipulación.

ACONDICIONAR. Operación de colocar y proteger con los medios adecuados los productos o envases dentro de un embalaje.

CONSOLIDAR. Operación de agrupación de las mercancías por pedidos y/o destinos para preparar la expedición.

PALETIZAR. Proceso de agrupación y acondicionamiento de mercancías o embalajes secundarios en el embalaje terciario palet, conformando una unidad de carga.

EQUIPOS DE MANUTENCION. Medios técnicos, instrumentos y dispositivos que posibilitan el almacenaje, la manipulación y el traslado de la mercancía en el almacén.

CARRETILLA. Vehículo de transporte mecánico que facilita el traslado, la ubicación y la extracción de la mercancía del almacén.

FIFO (First In First Out). Sistema de almacenaje que consiste en extraer primero los artículos que han llegado al almacén en primer lugar.

LIFO (Last In First Out). Sistema de almacenaje que consiste en extraer primero los artículos que han llegado al almacén en último lugar.

FEFO (First Expired First Out). Sistema de almacenaje que consiste en extraer primero los artículos cuya fecha de caducidad está más cercana.

RFID (Radio Frequency Identification). Tecnología que posibilita el almacenamiento y transmisión de datos remota por medio de ondas de radio.

RECEPCIÓN. Proceso mediante el cual se recepcionan productos para almacenar. Incluye las operaciones de descarga, verificación y ubicación.

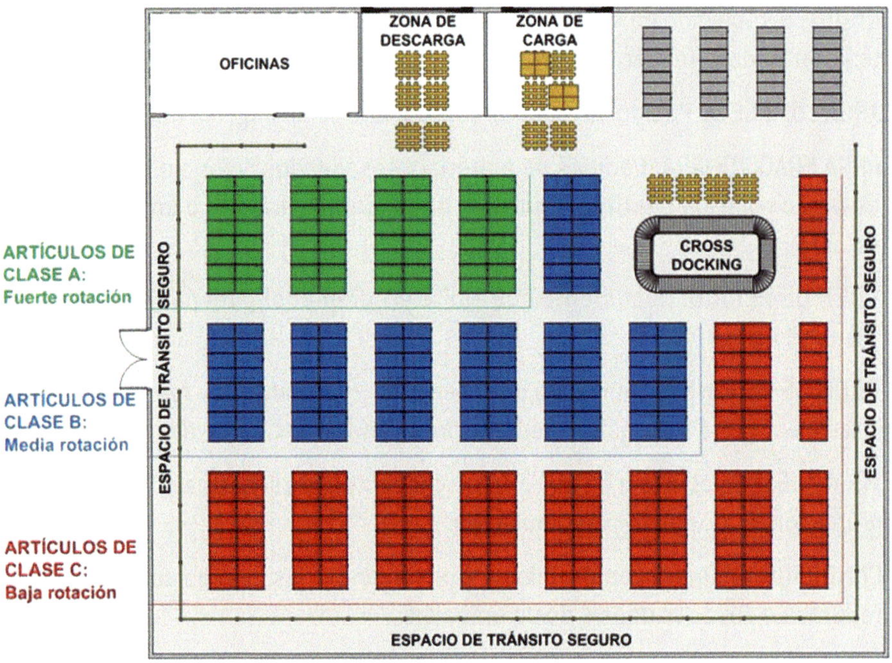

Figura 6.1. Ejemplo de Layout de almacén.

Figura 6.2. Pictogramas de manipulación de embalajes de uso internacional.

Figura 6.3. Simbología ONU mercancías peligrosas.

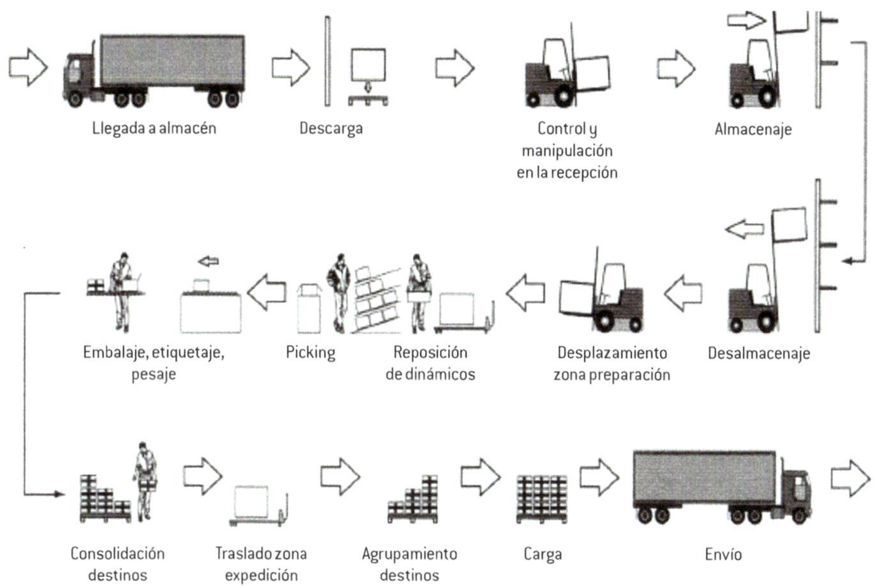

Figura 6.4. Diagrama operaciones de almacén.

Resumen

Tecnología y sistemas de información en logística:

- Intercambio electrónico de datos (EDI).
- Sistemas de control y gestión de transporte.
- Sistemas de control y gestión de pedidos.
- Sistemas de captura y transmisión de información como código de barras y radiofrecuencia (RFID).
- Sistemas de gestión y control de mercancía (SGA).
- Plataformas de comercio electrónico.

Gestión de almacenes:

Un SGA proporciona al usuario una visión en tiempo real:

- Recepción y ubicación de la mercancía.
- Extracción y embalado.
- Expedición.
- Control de inventario

Gestión de pedidos y distribución:

Los modelos de negocio basados en el comercio electrónico, requieren el tratamiento y respuesta a los pedidos on-line generados en este comercio de forma electrónica, con eficacia y seguridad.

Gestión de aprovisionamiento:

El intercambio electrónico de información (**EDI**) en este proceso permite:

- Generar autofacturación a partir de los consumos realizados.
- Elaborar pedidos automáticos a los proveedores.
- Mejorar el proceso de entrega mediante la reducción del ciclo de planificación.

Previsión y planificación de la demanda para gestión de stocks:

S&OP (Sales & Operations planning) y CPRF (Collaborative Planning Forecasting and Replenishment) permiten:

- Mejorar la disponibilidad a través de la revisión y el control de la demanda.
- Mejorar la precisión de las predicciones.
- Controlar los niveles de inventario para minimizar los efectos producidos por los picos de demanda.
- Complementar la evaluación de la post-promociones.

Comunicación formal, es la comunicación que establece la empresa atendiendo a sus necesidades de organización y gestión, siguiendo canales y formas establecidos previamente.

Comunicación informal, se conforma en torno a las relaciones sociales de los miembros, tanto internos como externos de la empresa. Se genera a lo largo de toda la cadena de suministro y surge siempre que un miembro siente la necesidad de comunicarse con otro sin que exista ningún canal formal para ello, o si los que existen son inadecuados.

Comunicación oral, supone una importante fuente de datos para la organización, sobre todo cuando traspasamos las fronteras de la misma.

Comunicación en soporte comprobable, supone el registro y la transmisión de la información por medios escritos, ya sea en papel o en soporte electrónico.

Metodología en la generación y transmisión de la información, ha de recoger:

- Generación de pedidos.
- Extracción y preparación de los mismos.
- Transporte.
- Gestión del stock.
- Documentación necesaria en la cadena (albaranes, facturas, órdenes de pedido, órdenes de picking, cartas de porte, documentos de cobro, etc.).
- Indicadores.
- Previsiones de demanda.
- Datos de clientes y proveedores.

El sistema de posicionamiento global mediante satélites (GPS) para la gestión de la flota de las empresas, porque permite saber dónde está un coche o camión de flota, con exactitud y en tiempo real, verificar el cumplimiento de itinerarios programados o rutas preestablecidas.

EDI (Intercambio Electrónico de Datos), permite el intercambio de información de manera electrónica entre todos los actores de la cadena de suministro utilizando una serie de estándares.

Se debe tomar en consideración como alternativa de comunicación a la **telefonía tradicional** y **el fax**, el uso de herramientas web, como la disponibilidad de Extranet e Intranet y el uso del **correo electrónico**, permite acelerar determinados procesos del negocio, como la relación con clientes, ya que proporciona inmediatez en la comunicación, elemento de gran importancia para el sector transporte y sus procesos de negocio.

Orden de picking. Es el documento donde nos transmiten la información de los productos que debemos recoger, dónde están y en qué orden debemos recogerlos.

Albarán o packing list. Es el documento que contiene el listado de productos suministrados. Se emite al finalizar la preparación del pedido. Además, es el comprobante de la propiedad y entrega de la mercancía.

En el caso de que el cliente realice un pedido, este se instrumentará en un documento **denominado hoja de pedido u orden de compra**.

Cuando recibimos mercancía fruto de una compra, en el momento de recepcionarla físicamente y darle entrada en nuestro almacén, generaremos un documento interno denominado **hoja de recepción**.

Ficha logística: documento diseñado para contener los datos y acuerdos relacionados con las operaciones de la Entrega-Recepción.

Transporte nacional. La carta de Porte:

Es el documento que justifica el desplazamiento de mercancías y el contenido de las mismas. Ha de recoger la naturaleza, peso y, en su caso, número de bultos de la mercancía transportada.

Transporte Internacional. Distinguiremos según el medio de transporte utilizado:

- Carretera: CMR.
- Barco: conocimiento de embarque marítimo (B/L, Bill of Landing).
- Aéreo: carta de porte aéreo, conocimiento aéreo o air waybill.
- Ferroviario: carta de porte ferroviario CIM.
- Multimodal: FIATA Bill of Lading.

PICKING. Proceso del almacén logístico cuyo fin es recolectar una serie de productos almacenados en el almacén, y reagruparlos en un lugar especificado antes de su embalado y expedición hacia los clientes.

LAY OUT. Disposición de los elementos (estanterías, pasillos, oficinas, muelles, etc.) dentro del almacén.

CARGA COMPLETA. Pedido de material consolidado de un origen a un solo destino.

CARGA FRACCIONADA. Pedidos de material consolidados de uno o varios orígenes a uno o varios destinos (siempre ha de darse variedad o en origen o en destino).

ORDEN DE PEDIDO. Documento que emite el comprador para pedir mercancía al vendedor.

ORDEN DE PICKING. Documento que recoge la información de los productos a extraer recoger, dónde están y en qué orden han de extraerse del almacén.

EMBALAJE. Recipiente o envoltura que contiene envases para su protección, agrupación, etiquetado y manipulación.

ACONDICIONAR. Operación de colocar y proteger con los medios adecuados los productos o envases dentro de un embalaje.

CONSOLIDAR. Operación de agrupación de las mercancías por pedidos y/o destinos para preparar la expedición.

PALETIZAR. Proceso de agrupación y acondicionamiento de mercancías o embalajes secundarios en el embalaje terciario palet, conformando una unidad de carga.

EQUIPOS DE MANUTENCION. Medios técnicos, instrumentos y dispositivos que posibilitan el almacenaje, la manipulación y el traslado de la mercancía en el almacén.

CARRETILLA. Vehículo de transporte mecánico que facilita el traslado, la ubicación y la extracción de la mercancía del almacén.

FIFO (First In First Out). Sistema de almacenaje que consiste en extraer primero los artículos que han llegado al almacén en primer lugar.

LIFO (Last In First Out). Sistema de almacenaje que consiste en extraer primero los artículos que han llegado al almacén en último lugar.

FEFO (First Expired First Out). Sistema de almacenaje que consiste en extraer primero los artículos cuya fecha de caducidad está más cercana.

RFID (Radio Frequency Identification). Tecnología que posibilita el almacenamiento y transmisión de datos remota por medio de ondas de radio.

RECEPCIÓN. Proceso mediante el cual se recepcionan productos para almacenar. Incluye las operaciones de descarga, verificación y ubicación.

Autoevaluación

6.1. Un Sistema de Gestión de Almacenes proporciona:

a) Una herramienta de control de los operarios del almacén.

b) Una herramienta de control del inventario.

c) Una visión en tiempo real de la recepción y ubicación de la mercancía, de la extracción y el embalado, de la expedición y del inventario.

d) Una visión en tiempo real de los pedidos online generados en las plataformas de comercio electrónico.

6.2. El intercambio electrónico de información (EDI) permite:

a) Generar autofacturación a partir de los consumos realizados, elaborar pedidos automáticos a los proveedores, y mejorar el proceso de entrega mediante la reducción del ciclo de planificación en la gestión de aprovisionamiento.

b) El intercambio de información de manera electrónica entre todos los actores de la cadena de suministro utilizando una serie de estándares.

c) El control y gestión del transporte, de los pedidos, de la mercancía, y la captura y transmisión de información del código de barras.

d) Solo la a) y la b) son correctas.

6.3. El sistema de posicionamiento global mediante satélites permite:

a) Gestionar la flota de camiones.

b) Gestionar la flota de camiones y los movimientos de mercancía dentro del almacén.

c) Gestionar la documentación necesaria en la cadena (albaranes, facturas, órdenes de pedido, órdenes de picking, cartas de porte, documentos de cobro, etc.).

d) Gestionar la preparación de los pedidos.

6.4. Los documentos que se generan en el proceso de preparación de un pedido son:

a) Orden de pedido.

b) Orden de pedido y orden de picking.

c) Orden de pedido, orden de picking, albarán o packing list y carta de porte.

d) Hoja de recepción, orden de pedido, orden de picking, albarán o packing list, carta de porte y ficha logística.

Actividades prácticas

6.1. Repasemos cuál es la terminología más utilizada en los entornos de almacén. Para ello, explica brevemente con tus propias palabras el significado de cada uno de los conceptos relacionados a continuación:

- ***Lay out.***
- Orden de ***picking.***
- Equipos de manutención.
- FIFO.
- FEFO.
- Recepción.

Bibliografía y webgrafía

Foro PILOT 2014
http://www.aragonempresa.com/paginas/congresos_foropi-lot2014
Consultado el 02/12/2014.

Turmero, I. J. (2013). La gestión de la cadena de suministro
http://www.monografias.com/trabajos94/gestion-de-cadena-suministro/gestion-de-cadena-suministro.html
Consultado el 23/12/2014.

González, D. (2010). Los siete objetivos de la gestión de la Cadena de Suministro eficiente.
https://cadenadesuministro.wordpress.com/2010/06/29/los-siete-objetivos-de-la-cadena-de-suministro-eficiente/
Consultado el 19/01/2015.

Galiana, J. L. (2013). Cadena de suministro vs. Logística.
http://www.cadenadesuministro.es/opinion-2/cadena-de-suministro-vs-logistica
Consultado el 01/12/2014.

Ley de Ordenación del Transporte Terrestre (Ley 9/2013, de 4 de julio, por la que se modifica la Ley 16/1987, de 30 de julio, de Ordenación de los Transportes Terrestres).

Mecalux, SA. El flujo de materiales en el almacén.
https://www.mecalux.es/manual-almacen/diseno-de-almacenes/flujo-almacen
Consultado el 01/07/2018

Pau, J., de Navascués, R. (2001). Manual de logística Integral. Madrid: Ediciones Díaz de Santos, SA.

Council of Supply Chain Management Professionals (2010). CSCMP Suggested Minimum Supply Chain Benchmarking Standards. Lombard. Illinois.

La importancia del Lead Time. Vives, J.M.
https://altacuncta.wordpress.com/2011/11/05/la-importancia-del-lead-time/
Consultado el 09/12/2014.

Caso Amazon. Estrategia y vídeos de la operativa de sus almacenes. Ruiz de Mena, L.
http://www.lrmconsultorialogistica.es/blog/feed/9-articulos/353-caso-amazon-estrategia-videos-operativa-almacen.html
Consultado el 10/12/2014.

González Bolea, L. Carmona Calvo, M.A. Rivas Zapata, M.A. (2007). Guía para la medición directa de la satisfacción de los clientes. Instituto Andaluz de Tecnología.

Acción preventiva. Asociación Española para la Calidad.
http://www.aec.es/web/guest/centro-conocimiento/accion-preventiva
Consultado el 10/12/2014.

Gestión logística: definición y objetivos principales. EAE Business School
https://retos-directivos.eae.es/gestion-logistica-definicion-y-objetivos-principales/
Consultado el 15/07/2018

Indicadores de Gestión Logísticos. Mora, L. A.
http://www.webpicking.com/hojas/indicadores.htm
Consultado el 10/12/2014.

Ballou, R. H. (2004) Logística. Administración de la cadena de suministro. México. Pearson Educación de Mexico, SA de CV.

Bowersox, D. J., Closs, D.J., Bixby, M. (2007). Administración y logística en la cadena de suministros. McGraw-Hill/Interamericana Editores, SA de CV.

Zabala, K. X. Creación de valor y gestión de la cadena de suministro.
http://www.eoi.es/blogs/scm/2013/04/10/creacion-de-valor-y-gestion-cadena-suministro-4/
Consultado el 19/12/2014.

Juan, C. Cómo el Big Data ha revolucionado la logística.
https://www.iebschool.com/blog/big-data-en-logistica-big-data/
Consultado el 28/07/2018

Gobierno de España. Ministerio de Industria, Comercio y Turismo. Industria conectada 4.0.
http://www.industriaconectada40.gob.es/Paginas/index.aspx
Consultado el 02/08/2018

Morales, B. B. La logística reversa o inversa: aporte al control de devoluciones y residuos en la gestión de la cadena de abastecimiento.
http://www.revistadelogistica.com/La-logistica-reversa-o-inversa.asp
Consultado el 24/12/2014.

Arroyo, P. E. y Gaytán, J. (2013). Recuperación de valor. La logística inversa.
http://www.logisticamx.enfasis.com/articulos/67350-recuperacion-valor-la-logistica-inversa
Consultado el 24/12/2014.

Rogers, D. and Tibben-Lembke, R. (1998). Going Backwards: Reverse Logistics Trends and Practices. University of Nevada, Reno. Center for Logistics Management.

Mora, L. A. (2010). Gestión Logística Integral. Bogotá. Ecoe Ediciones.

Rubio, S. (2003) El sistema de Logística Inversa en la Empresa, análisis y aplicaciones. Badajoz. Universidad de Extremadura.

Hortal, M. Dobón, A. y Aucejo, S. La logística inversa aplicada a los residuos de envases de grandes centros de distribución. Primer Congreso de Logística y Gestión de la Cadena de Suministro. Zaragoza, 12 y 13 de Septiembre de 2007.

ITENE, Instituto Tecnológico del Embalaje, Transporte y Logística.
http://www.cnc-logistica.org/congreso-cnc/documentos/158.pdf
Consultado el 26/12/2014.

AECOC. RAL Principios Generales de Funcionamiento de los Pools de Paletas.
http://sede.aecoc.es/web/Logistica.nsf/b06c0678fca61ecac12568b6003979a9/2f65a863649c7660c125703c004b9688!OpenDocument
Consultado el 26/12/2014.

Fernández, I. (2004). Análisis de la logística inversa en el entorno empresarial. Una aproximación cualitativa. Oviedo. Universidad de Oviedo.

Coronel de Intendencia D.CÉSAR Mª ESPÍRITU NAVARRO. Teniente Coronel de Artillería D. JUAN JOSÉ VALERO DE LA MUELA. (2014). Estudio: La Logística Inversa como factor que aporta beneficios económicos y medioambientales al ET. I Congreso de Estudios Militares.

Gaytán, J. (2012) Logística Inversa. Una segunda oportunidad de negocio. International Logistics Summit & Expo. México 2012.

Apparel manufacturers survey. RLEC Projects (1999) Chicago, IL. Reverse Logistics Executive Council.

Benedito, E. (2006). Descripcion y análisis de los trabajos existentes sobre el efecto "bullwhip" y su tratamiento con técnicas de control. Universitat Politècnica de Catalunya.

Differences between forward and reverse logistics. Reverse Logistics Executive Council
http://www.rlec.org/
Consultado el 29/12/2014.

DIRECTIVA 2008/98/CE del Parlamento Europeo y del Consejo, de 19 de noviembre de 2008, sobre los residuos y por la que se derogan determinadas Directivas integrándolas en una única norma, "Directiva marco de residuos"

DIRECTIVA UE 2018/851 del Parlamento Europeo y del Consejo de 30 de mayo de 2018 por la que se modifica la Directiva 2008/98/CE sobre los residuos

DIRECTIVA 94/62/CE del Parlamento Europeo y del Consejo, de 20 de diciembre de 1994, relativa a los envases y residuos de envases

DIRECTIVA UE 2018/852 del Parlamento Europeo y del Consejo de 30 de mayo de 2018 por la que se modifica la Directiva 94/62/CE relativa a los envases y residuos de envases

DIRECTIVA 2006/66/CE del Parlamento Europeo y del Consejo, de 6 de septiembre de 2006, relativa a las pilas y acumuladores y a los residuos de pilas y acumuladores

DIRECTIVA 2012/19/UE del Parlamento Europeo y del Consejo de 4 de julio de 2012 sobre residuos de aparatos eléctricos y electrónicos

DIRECTIVA (UE) 2018/849 Del Parlamento Europeo y del Consejo de 30 de mayo de 2018, por la que se modifican la Directiva 2000/53/CE relativa a los vehículos al final de su vida útil, la Directiva 2006/66/CE relativa a las pilas y acumuladores y a los residuos de pilas y acumuladores y la Directiva 2012/19/UE sobre residuos de aparatos eléctricos y electrónicos.

Ley 22/2011, de 28 de julio, de residuos y suelos contaminados.

Ley 11/1997, de 24 de abril, de envases y residuos de envases.

Real Decreto 106/2008, de 1 de febrero, sobre pilas y acumuladores y la gestión ambiental de sus residuos.

Real Decreto 1383/2002, de 20 de diciembre, sobre gestión de vehículos al final de su vida útil.

Real Decreto 710/2015, de 24 de julio, por el que se modifica el Real Decreto 106/2008, de 1 de febrero, sobre pilas y acumuladores y la gestión ambiental de sus residuos

Real Decreto 20/2017, de 20 de enero, sobre los vehículos al final de su vida útil

Real Decreto 110/2015, de 20 de febrero, sobre residuos de aparatos eléctricos y electrónicos (RAEE)

Real Decreto 208/2005, de 25 de febrero, sobre aparatos eléctricos y electrónicos y la gestión de sus residuos.

Directiva 91/271/CEE, de 21 de mayo.

Veloso, R. (2008). Haciendo frente a la incertidumbre I.
http://www.logisticamx.enfasis.com/notas/10203-haciendo-frente-la-incertidumbre-i
Consultado el 05/01/2015.

Torres-Rabello, R. (2004). Costos Logísticos: Propuesta de enfoque.
http://www.hsu.cl/galeria/file_29246002.pdf
Consultado el 07/01/2015.

Kaplan, R., Cooper, R. (2003). Coste y Efecto. Barcelona. Gestión 2000.com.

Möller, G. (2011). El sistema de costes basado en las actividades (ABC). Valladolid. Universidad de Valladolid.

Mauleón, M. (2006). Logística y costos. Madrid. Ediciones Díaz de Santos, S.A.

Guerrero, N. (2012). Estrategia para la minimización de costos logísticos: aplicaciones en una empresa piloto. Manizales. Universidad Nacional de Colombia.

Frías, J.A. (2012) Medición del impacto de los sucesos imprevistos en la estrategia empresarial.
http://www.cyta.com.ar/ta1103/v11n3a3.htm
Consultado el 09/01/2015.

Ballvé, A. (2007), Tablero de Control: Información para crear valor, Emece–Planeta, ISBN.

Reyes, E., Tamayo, Y., Leyva, M. (2011). Procedimiento para el diseño de redes de distribución logística.
http://www.eumed.net/ce/2011b/cgz.htm
Consultado el 11/01/2015.

Revista Logistec. (2011). Outsourcing, una alternativa eficiente para la cadena logística.

http://www.revistalogistec.com/index.php/logistica/111-pymes/923-outsourcing-una-alternativa-eficiente-para-la-cadena-logistica
Consultado el 11/01/2015.

AECOC. RAL Proceso de Carga y Descarga - Completa y Fraccionada en los Centros de las empresas de Proveedores y Distribuidores.
http://sede.aecoc.es/web/logistica.nsf/WPT/E0DB549F83FEC45BC1256CB6003E15D3?OpenDocument
Consultado el 18/01/2015.

AECOC. RAL Prevención de pérdidas en centros de distribución y almacenaje.
http://ecrall.org/files/RAL_P%C3%A9rdidas_de_Mercanc%C3%ADas_en_Centros_de_Distribuci%C3%B3n_y_Almacenaje.pdf
Consultado el 19/01/2015.

GPS Vs radiofrecuencia.
http://localizacionviasatelite.blogspot.com.es/2009/09/gps-vs-radio-frecuencia.html
Consultado el 19/01/2015.

PriceWaterhouseCoopers. Foro Pilot. Manual de consulta servicio al cliente.
http://www.aragonempresa.com/descargar.php?a=50&t=paginas_web&i=390&f=b9e3f99da0b056d3b7339fa04875094a
Consultado el 20/01/2015.

ISO 9001. Procedimiento para la gestión de incidencias.
http://iso9001calidad.com/wp-content/uploads/018-procedimiento-gestion-incidencias.pdf
Consultado el 20/01/2015.

FUNDETEC y Junta de Castilla y León. Libro blanco de las TIC en el sector Transporte y Logística. Ediciones Gráficas Arial.

Chirinos, M. (2013). La gran contribución de las TIC en la logística y distribución de las empresas.
http://idnews.idaccion.com/la-gran-contribucion-de-las-tic-en-la-logistica-y-distribucion-de-las-empresas/
Consultado el 29/01/2015.

Proyecto Cybersudoe. (2010). Guía sobre las TIC en el sector de la Logística y Transporte en la PYME y la MICROPYME. Red del Sudoeste Europeo de difusión de las TIC en las PYMES.

AECOC. RAL Normalización de la Entrega - Recepción.
http://ecr-all.org/files/RAL_Entrega-Recepcion_Parte_I.pdf
Consultado el 08/02/2015

Plan Cameral. Contratos internacionales.
http://www.plancameral.org/web/portal-internacional/contratos-internacionales/-/contratos-internacionales/338618dc-0746-4559-861d-b2574ff62bd3
Consultado el 08/02/2015.

Plan Cameral. Principales documentos Importación y Exportación.
http://www.plancameral.org/web/portal-internacional/documentos-importacion-exportacion
Consultado el 08/02/2015.